Heinrich Ferdinand Wüstenfeld

Jemen im 11. Jahrhundert

die Kriege der Türken, die arabischen Imame und die Gelehrten

Heinrich Ferdinand Wüstenfeld

Jemen im 11. Jahrhundert
die Kriege der Türken, die arabischen Imame und die Gelehrten

ISBN/EAN: 9783743608771

Hergestellt in Europa, USA, Kanada, Australien, Japan

Cover: Foto ©ninafisch / pixelio.de

Heinrich Ferdinand Wüstenfeld

Jemen im 11. Jahrhundert

ABHANDLUNGEN

DER

HISTORISCH-PHILOLOGISCHEN CLASSE

DER

KÖNIGLICHEN GESELLSCHAFT DER WISSENSCHAFTEN

ZU GÖTTINGEN.

ZWEIUNDDREISSIGSTER BAND.

Jemen im XI. (XVII.) Jahrhundert.

Die Kriege der Türken, die Arabischen Imâme und die Gelehrten.

Von

F. Wüstenfeld.

Erste Abtheilung.

Vorgetragen in der Sitzung der Königl. Gesellsch. der Wissensch. am 2. August 1884.

Die Geschichte von Jemen bis zum J. 901 (1495) behandelt die *Historia Jemanae e Codice manuscripto Arabico, cui titulus est:* بغية المستفيد فى اخبر مدينة زبيد *concinnata; quam — edidit C. Th. Johannsen. Bonnae* 1828. Daran schliessen sich die beiden Werke des *Cutb ed-din Muhammed el-Mekki*, einmal seine von mir herausgegebene Geschichte von Mekka, welche in dem Capitel über die Herrschaft der Türken einzelne Notizen über Jemen liefert, dann ausführlich sein *Fulmen Jemenense de historia Othmanica* bis zum J. 981 (1573) im Auszuge übersetzt von *Silvestre de Sacy* in den *Notices et Extr.* T. IV. p. 412—504. Die vorliegende Abhandlung giebt das Wesentlichste daraus als Einleitung, führt dann die Geschichte 100 Jahre weiter, erwähnt die in dieser Periode lebenden Gelehrten und schliesst mit einem geographischen Anhange.

Die Türken waren seit ihrem Übergange nach Europa und der Eroberung von Constantinopel im J. 857 (1453 zu sehr mit der Befestigung ihrer Macht und dem weiteren Vordringen nach Westen beschäftigt, als dass sie dem seitwärts gelegenen Arabien eine besondere Aufmerksamkeit bewiesen hätten. Die Sultane hatten stillschweigend die Scherife von Mekka in ihren Hoheitsrechten anerkannt und die üblichen Geschenke und Unterstützungen für die beiden heiligen Städte jährlich mit dem von Alters her hergebrachten Pomp hingesandt, um sich als gute Muhammedaner zu erweisen, sie hatten sogar den Ägyptischen Sultanen ein gewisses älteres Vorrecht in dem Protectorat über die heil. Städte zugestanden, zumal da diese nicht nur nichts einbrachten, sondern noch jährlich bedeutende Zufuhren und Beihülfen nöthig hatten, welche sie aus Ägypten erhielten, und beide Theile liessen die kleinen Fürsten in Jemen und Hadhramaut unbehelligt ihre Fehden unter sich auskämpfen, da man gegen die Glaubensgenossen nicht einschreiten wollte und sonst von dieser Seite keine Gefahr vorhanden zu sein schien. Dies änderte sich mit einem Male, als die Portugisen von Indien aus mit ihrer Flotte im rothen Meere erschienen, zuerst in Gidda, dem Hafen für Mekka, landeten, dann sogar nach el-Suweis (Suez) hinüberfuhren und von hier aus Câhira und ganz Ägypten bedrohten.

Dies war im J. 916 (1510) noch unter dem letzten Tscherkessen-Sultan Cânçûh el-Gûrí geschehen und gleichzeitig hatte ihn Chalîl-Schâh Mudhaffar, Sultan von Guzarât, um Unterstützung gebeten, um das Vordringen der Portugisen in Indien aufzuhalten. Um dieselbe Zeit waren auch die Beduinen-Araber wie schon öfter in die Stadt Gidda eingedrungen und hatten Räubereien verübt, so dass die Einwohner ebenfalls bei Cânçûh Hülfe suchten. Diese zusammentreffenden Umstände gaben genügende Veranlassung dazu, dass Cânçûh jetzt selbst in Suez eine Flotte ausrüsten liess, die er unter den Befehl des Kurden Husein stellte, welchen er für besonders befähigt hielt und welchen er dadurch aus der Nähe der Tscherkessen, denen er verhasst war, entfernen wollte, indem er ihm die Statthalterschaft von Gidda übertrug. Der grösste Theil seiner Truppen bestand aus angeworbenen Türken und anderen Freiwilligen, gefangene Lavantiner wurden als Ruderer an die Galeerenbänke gekettet und er führte die ersten Kanonen, die nach Arabien kamen, mit sich. Im J. 917 (1511) setzte er nach Gidda über und verwandte fast ein Jahr darauf um die gänzlich verschwundenen Befestigungsmauern der Stadt wieder aufzuführen, wobei er sich durch seine rücksichtslose Härte und Grausamkeit einen gefürchteten Namen machte. Nach Verlauf von weiteren drei Jahren und nachdem er sich vollständig ausgerüstet und durch Mannschaft verstärkt hatte, segelte er im J. 921 (1515) nach Indien und wurde in Diu, der Hafenstadt von Guzarât, von Mudhaffar ehrenvoll empfangen, allein die Portugisen waren ihm ausgewichen und hatten sich nach Goa zurückgezogen, wohin ihnen Husein nicht folgen mochte; er kehrte unverrichteter Sache nach dem rothen Meere zurück und ankerte bei der Insel Kamarân und schickte nach Zabîd zu dem Sultan 'Âmir ben Abd el-wahhâb und liess ihn um Proviant bitten: da er eine abschlägige Antwort erhielt, setzte er seine Truppen ans Land und marschirte geradeswegs auf Zabîd los, unterstützt von einigen benachbarten Fürsten, welche gegen 'Âmir feindlich gesinnt waren, und nach einigen Gefechten hielt er am 19. Ġumâdâ I. 922 (20. Juin 1516) seinen Einzug in Zabid, nachdem 'Âmir mit seinem Bruder Abd el-malik nach Ta'izz geflüchtet war. Husein ernannte seinen Emir Barsabâi zum Commandanten von Zabîd, welcher sich alsbald noch die umliegende Gegend mit den Städten Ḥeis und Mauza' unterwarf, während Husein, in der Hoffnung seine Eroberungen in Jemen weiter auszudehnen, oder um einen zweiten Zug nach Indien zu unternehmen, nach 'Aden fuhr, wo er am 3. Raǵab (3. August) eintraf. Allein ungeachtet seiner Kanonen gelang es seinen Truppen nicht die Stadt zu nehmen, er schiffte sich am 11. Raǵab wieder ein und segelte nach Ǵidda, wo er seine Bedrückungen und Grausamkeiten fortsetzte.

Unterdess waren in demselben Jahre in Ägypten grosse Veränderungen vor sich gegangen. Cânçûh hatte sich von dem Schâh von Persien Ismâ'il verleiten lassen, ihn gegen die Türken zu unterstützen, er war mit seiner Armee nach Syrien gezogen, in dem schon durch frühere Schlachten berühmten Wiesengrunde Marg Dâbik vier Parasangen von Haleb auf die Türken gestossen, von ihnen gänzlich geschlagen und auf der Flucht bei einem Sturz mit dem Pferde von seiner eigenen Reiterei übergeritten und von den Hufen der Pferde zerstampft. Der Sultan Selîm, welcher gleichfalls in Person seine Truppen anführte, hatte den Sieg verfolgt, war in Câhira eingezogen, hatte den eiligst dort zum Nachfolger ernannten Ṭûmân Bâi hinrichten lassen, das ganze Land in Besitz genommen und der Herrschaft der Tscherkessen ein Ende gemacht. Die Nachricht hiervon hatte sich rasch nach Mekka verbreitet und der Scherif Barakât hatte sich beeilt, seinen Sohn Abu Numeij nach Câhira zu schicken um sich die Gunst des neuen Herrschers zu sichern, und Selîm hatte die Familie als rechtmässige Besitzer der beiden heil. Städte und der Provinz Ḥigâz anerkannt. Zugleich erhielt Barakât von dem Sultan den Befehl sich Husein's zu bemächtigen und ihn umbringen zu lassen, um den letzten Emir der Tscherkessen zu beseitigen und für die von ihm begangenen Grausamkeiten Rache zu nehmen. Barakât kam diesem Befehle um so williger nach, als er selbst von Husein, welcher nach Mekka gekommen war, schwere Belästigungen zu ertragen gehabt hatte; er liess ihn festnehmen, nach Gidda bringen und auf einem Schiffe hinausfahren, wo er, nachdem ihm ein schwerer Stein an die Füsse gebunden war, im Meere versenkt wurde. Seine Türkischen Soldaten wurden in Mekka zum Theil niedergemacht und diejenigen, welche entkamen, flüchteten nach Zabîd zu Barsabâi, der durch sie verstärkt zu weiteren Eroberungen auszog.

Er erschien am 6. Çafar 923 (28. Febr. 1517) vor Ta'izz, welches indess von 'Âmir aus Furcht vor Verrath bereits verlassen war und daher ohne Kampf eingenommen und geplündert wurde. Bei seinem weiteren Vormarsch wurde Barsabâi von dem Stamme der Banu 'Ammâr zurückgeworfen und wandte sich nach Çan'â; diesen Misserfolg glaubte 'Âmir benutzen zu müssen, er marschirte ihm entgegen, stiess nach drei Tagen am 23. Rabî' II. 923 (15. Mai 1517) auf Barsabâi, welcher sogleich die erschöpften Araber angriff und in die Flucht schlug, wobei 'Âmir und sein Bruder Abd el-malik das Leben verloren, und mit ihnen erlosch dieser Zweig der Regenten-Familie Banu Ṭâhir.

Çan'â wurde danach mit Leichtigkeit erobert und ausgeplündert und nach kurzem Aufenthalte liess Barsabâi 200 Mann als Besatzung dort und trat den Rückmarsch nach Zabîd an; 8000 Kameele waren mit der ihm selbst zugefallenen Beute beladen, von den Soldaten hatte jeder ausserdem seinen Antheil für sich. Aber unterwegs wurden sie in einem Engpass von den Banu Ḥubeisch und anderen Stämmen angegriffen, Barsabâi und seine ersten Officiere kamen um, die ganze Beute fiel in die Hände der Araber und von den flüchtigen Soldaten wurden noch viele gefangen genommen, die anderen erreichten Zabîd am 29. Gumâdá II. 923 (19. Juli 1517) und wählten zu ihrem Anführer den Tscherkessen Emir Iskander, womit aber nicht alle einverstanden waren.

Ein Theil der Levantiner in Ta'izz hatte sich an den Emir Ramadhân el-Rûmî angeschlossen. sie legten, wie der Emir selbst, Türkische Bekleidung an, Iskander folgte ihrem Beispiele, alle erklärten ihre Unterwürfigkeit unter den Türkischen Sultan und dieser bestätigte noch im J. 923 Iskander als Statthalter von Jemen.

Der drei Jahre nachher an seine Stelle ernannte Emir Husein el-Rûmî erfuhr gleich bei seiner Ankunft in Jemen, dass der Sultan Selîm gestorben sei, und kehrte nach Gidda zurück. Von nun an entstanden Streitigkeiten zwischen den Türkischen Parteien unter sich; die von dem nachfolgenden Sultan Suleimân gesandten Statthalter konnten dagegen nicht aufkommen und wechselten zu häufig, bis die kleinen Zeiditen-Fürsten, welche in den Gebirgen des nördlichen Jemen sich in einigen kleinen Festungen und Burgen immer unabhängig gehalten hatten, sich verbündeten um die Türken, ihre Uneinigkeit benutzend, ganz aus Jemen wieder zu vertreiben. Der erste Angriff auf Zabîd im J. 944 (1537) unter Anführung von Muṭahhar und Schams ed-dîn Ali, den Söhnen des Scharaf ed-dîn ben Schams ed-dîn ben Ahmed, misslang. Zu derselben Zeit hatte der Sultan Suleimân in Ägypten eine neue Flotte ausrüsten lassen. die nach Indien segeln sollte, und er übertrug das Commando dem grausamen Suleimân Pascha mit dem Titel eines Weziers. Dieser legte im J. 945 in 'Aden an, der Fürst 'Âmir ben Dâwûd, der letzte Spross aus einer Nebenlinie der Banu Ṭâhir, ging zu ihm aufs Schiff um ihn zu begrüssen, und wurde an dem Mastbaume aufgehängt, während eine Abtheilung der Türkischen Soldaten die Stadt in Besitz nahm: die Plünderung war ihnen verboten, sie blieben aber als Besatzung dort und Sulaimân segelte nach Indien weiter. Er machte sich hier durch sein hochmüthiges Wesen bei den Muhammedanischen Fürsten so verhasst, dass die meisten ihm ihre Unterstützung gegen die Portugisen versagten und aus Furcht kehrte er nach einigen Monaten zurück, landete in Mocha und liess den Fürsten Ahmed, welcher hier residirte. zu sich einladen. Ahmed ging gegen die Warnung seiner Hausgenossen und kaum war er in Suleimâns Zelt eingetreten, so wurde er sammt den schwarzen Sklaven, die ihn begleiteten, umgebracht am

6. Schawwâl 945 (27. Febr. 1539). Suleimân setzte den Emir Muçṭafá Beg zum Statthalter ein und kehrte über Gidda und Câhira nach Constantinopel zurück: an die Stelle des Muçṭafá Beg kam bald darauf Muçṭafá el-Naschschâr »der Säger«. so zubenannt, weil er alle Strassenräuber, die ihm in die Hände fielen, durchsägen liess. Er war der erste Türkische Statthalter von Jemen, welcher den Titel Beglerbeg oder Pascha bekam, und führte ein gutes Regiment bis zum J. 952 (1545), wo ihm Oweis Pascha folgte. welcher den Krieg gegen die Zeiditen wieder aufnahm. Seine strenge Zucht erregte die Unzufriedenheit seiner Soldaten und während er gegen Ende des Rabî' II. 954 (Mitte Juni 1547) in der reizenden Gegend von Chubân lagerte und sich den Vergnügungen überliess, wurde er bei einem Mahle, als er sich berauscht hatte, von Hasan, dem Hauptmann der Unzufriedenen, ermordet. Da aber der Emir Izdemir das Obercommando übernahm und gegen die Aufrührer einschritt, ergriff Hasan die Flucht, wurde am siebten Tage eingeholt und umgebracht. Einer seiner Mitschuldigen, der Emir Ḥeidar. hatte mit wenigen seiner Soldaten die Stadt Zabîd überrumpelt. die Türkische Besatzung hatte sich ihm ergeben, aber nur zum Schein angeschlossen. es bedurfte desshalb nur eines kleinen Corps. welches Izdemir ihnen nachschickte, um die Aufrührer niederzuwerfen und die Stadt wieder in Besitz zu nehmen, nachdem Ḥeidar getödtet war.

Im Schawwâl 954 (Nov. 1547) kam Farhad Pascha als neuer Statthalter nach Jemen, welchem Dâwûd Pascha aus Ägypten im Anfange des J. 955 (Febr. 1548) frische Truppen zu Hülfe schickte, mit denen er 'Aden und andere Städte unterwarf und die Ruhe im Lande auf einige Zeit herstellte. Er wurde im Gumâdá I. 956 (Juni 1549) abberufen und Izdemir erhielt seine Stelle, welcher mit aller Kraft wieder gegen die Zeiditen-Fürsten vorzugehen beschloss und dazu weitere Verstärkungen von Constantinepel erbat. Dâwûd Pascha sandte 3000 Mann mit Gewehren und 1000 Reiter unter dem Befehl des früheren Statthalters von Jemen Muçṭafá el-Naschschâr im J. 958 und nach seiner Vereinigung mit Izdemir schritten sie zur Belagerung der Festung Thulâ, welche Muṭahhar hartnäckig vertheidigte. Wegen einer Meinungsverschiedenheit zwischen den beiden Türkischen Anführern fand die Erstürmung nicht statt, Muṭahhar erbot sich in seiner doch sehr bedrängten Lage die Oberhoheit des Türkischen Sultans anzuerkennen und erhielt dafür den Titel eines Emir Statthalters. Izdemir setzte dann mit den Hülfstruppen die weitere Eroberung der noch nicht unterworfenen Districte fort, baute mehrere Festungen, in die er Besatzungen legte, und führte eine milde Regierung, bis er erfuhr, dass Muçṭafá Schritte gethan habe um an seine Stelle zu kommen; da bat er um seine Entlassung und kehrte im Anfange des J. 963 (Nov. 1555) über Sawâkin[1]) nach Constantinopel zurück. Er hatte bei seinem kurzen Aufenthalte in Habessinien den Plan einer vollständigeren Unterwerfung und besseren Verwaltung dieses Landes entworfen, welcher die Billigung des Sultans erhielt, der ihn als Statthalter dahin schickte, und er starb dort im J. 967 (1560) in Duwâriwa[2]) und wurde in Muçawwa'[3]) begraben.

Muçṭafá el-Naschschâr war wirklich zum Statthalter ernannt, kam am 20. Çafar 963 (4. Jan. 1556) nach Zabid und blieb hier bis zu seinem Tode im J. 967. Ihm folgte ein gleichnamiger Muçṭafá mit dem Beinamen Kara Schâhîn »der schwarze Falk« wegen seiner Farbe und seiner Lebendigkeit, er kehrte aber schon im folgenden Jahre als Statthalter von Ägypten nach Câhira zurück. Sein Nach-

1) Nicht erst seit *d'Anville* (1749), wie *de Sacy* meinte, sondern schon 100 Jahre früher seit dem *Atlas minor* von *Nic. Visscher* um die Mitte des 17. Jahrhunderts findet sich auf allen Europäischen Karten für diesen Hafenort auf der Grenze von Nubien die Schreibart *Suakem, Suaquem* mit *m*, seit 1798 auf Deutschen Karten *Suakim*; in neuerer Zeit ist das richtige *n* wiederhergestellt *Suakin, Sauakin*, die altarabische Aussprache ist *Sawâkin*. *Jâcût* III. 182. *Abul-fida par Reinaud pag.* 370. Entweder bei sich darbietender Schiffsgelegenheit oder wenn man Gidda und die Nähe von Mekka vermeiden wollte, wählte man aus den Häfen von Jemen, 'Aden, Mocha, Laḥeija, den Weg über Sawâkin und von da nach Suez oder über Land an den Nil nach Câhira hinab.

2) Auf den Karten *Dobarowa, Dobarwa, Dobarua, Dubarwa, Dobaroux.*

3) Unrichtig in Europa *Massava, Massuah, Messoua, Mazua, Maczua, Mazuam* geschrieben.

folger Maḥmûd war ein jähzorniger, blutdürstiger Mensch; gleich bei seiner Ankunft in dem Hafen von Gâzân im Çafar 968 (Oct. 1560) liess er den Münzdirector Abd el-malik el-Jemenî umbringen, weil er die Münzen durch grösseren Zusatz von Kupfer verschlechtert habe, woran indess nicht er, sondern die Präfecten schuld waren. Er nahm seinen Wohnsitz in Ta'izz. In der benachbarten festen Burg Ḥabb residirte noch ein kleiner unabhängiger Fürst Ali ben Abd el-rahman ben Scharaf ed-dîn Muhammed el-Naddhâr, welcher ebenso wie seine Vorfahren mit den bisherigen Türkischen Statthaltern auf einem freundschaftlichen Fusse gestanden hatte. Maḥmûd beschloss ihn von dort zu vertreiben und rückte ohne weitere Veranlassung vor die Burg. Nach einer achtmonatlichen Belagerung liess er ihn durch einen Ismâ'îlitischen Emir Abdallah el-Dâ'î zur Übergabe auffordern unter der Bedingung eines freien Abzuges mit seiner Familie, der Mitnahme seiner ganzen Habe, der Wahl eines anderen Aufenthaltsortes und der Verleihung des Titels eines Emir Statthalters. Ali ging darauf ein, kam mit einem grossen Gefolge herab und sobald er in das Zelt Maḥmûds eintrat, wurde ihm der Kopf abgeschlagen und seine Begleiter von den bereit stehenden Türkischen Soldaten niedergemacht. Vergl. unten §. 3. Dieser Verrath brachte die Türken um alles Vertrauen bei den Arabern und sie bezeichneten seitdem eine treulose Handlung spöttisch durch den Ausdruck maḥmûdia, was sonst im Gegentheil »etwas lobenswerthes« bedeutet. Auf seinen Bericht über diesen Erfolg erhielt Maḥmûd von dem Sultan grosse Belohnungen für sich und seine Helfershelfer, wodurch sein Ehrgeiz erregt wurde nach noch höherem zu streben; er stellte der Regierung vor, dass er einen Schaden am Fusse habe, den er sich in Câhira wolle heilen lassen, in Wahrheit dachte er Statthalter von Ägypten zu werden; er wurde abberufen, reiste im Ragab 972 (Febr. 1565) ab, erreichte in Constantinopel, was er wünschte, nahm aber ein klägliches Ende, indem er in Ägypten von seinen eigenen Truppen im Scha'bân 975 (Febr. 1568) getödtet wurde.

Ridhwân, der Nachfolger als Statthalter in Jemen, ein Sohn des früheren Statthalters Muçṭafâ Kara Schâhîn, war schon im Muḥarram

972 (Aug. 1564) in Zabîd eingetroffen, hatte sich von da nach Ta'izz begeben und dann seinen Sitz in Çan'â genommen; er machte alsbald einen Bericht über das Verfahren seines Vorgängers, welches der hohen Pforte nicht zur Ehre gereiche, und als Maḥmûd dies erfuhr, beschloss er sich zu rächen. Er stellte der Regierung vor, dass die Provinz Jemen zu gross sei, um von einem Statthalter regiert zu werden, man müsse sie theilen; man ging darauf ein, Murâd Pascha mit dem Beinamen Kör »der Blinde« weil er am Auge einen kleinen Fehler hatte, erhielt den reichereren und besser bevölkerten Küstenstrich Tihâma mit der Hauptstadt Zabîd bis nach Ta'izz, während Ridwân sich mit dem ärmeren Gebirgslande mit den Hauptstädten Çan'a und Ça'da begnügen musste. Der letztere bekam diese Nachricht im Schawwâl 973 (April 1566) und da hierdurch seine Einkünfte bedeutend geschmälert wurden, suchte er sich durch vermehrte Auflagen schadlos zu halten. Er wollte dies auch auf das Gebiet von el-Sirr ausdehnen, welches an Ali ben Scharaf ed-dîn den Bruder des Muṭahhar für eine gewisse jährliche Summe überlassen war, und schickte Iskander Aga als Unterpräfecten dahin um Steuern einzufordern. Da die dagegen gemachten Vorstellungen nichts nützten, erhoben sich die Bewohner, tödteten Iskander und verbündeten sich mit den Zeiditen gegen die Türken. Ridhwân zog gegen sie zu Felde, lagerte sich bei 'Omrân und da er sich zu schwach fühlte, schrieb er an Murâd, welcher inzwischen im Muḥarram 974 (Juli 1566) in Jemen angekommen war, und bat ihn um Unterstützung durch Truppen und Geld. Murâd gewährte beides, kam auch wirklich selbst bis Ta'izz, da erhob sich zwischen ihnen ein Gränzstreit und nun zögerte Murâd weiter zu gehen. Dies Zerwürfniss benutzte Muṭahhar und schrieb an Murâd, dass er sich gegen seinen Willen aufgelehnt habe, weil Ridhwâns Forderungen ungerecht seien, und Murâd beeilte sich dies nach Constantinopel zu melden; auch Ridhwân machte einen Bericht und beschwerte sich über Murâd. Muṭahhar ben Scharaf ed-dîn Jaḥjâ el-Zeidí, »mit dessen Verstande der Teufel sein Spiel trieb und den sein Sinn zur Empörung verleitete«, begann bei der Nachricht von dem Tode des Sultans Suleimân damit die Wege unsicher zu machen; er benutzte die

Zwistigkeit und die daraus entstandene Unthätigkeit der Türkischen Anführer und verstärkte seine Partei durch einen Theil der Ismâ'îliten; es kam hinzu, dass ein Cadhi vorausgesagt hatte, wenn im Ramadhân eine Sonnen- und Mondfinsterniss einträte, würde die Herrschaft der Türken zu Ende gehen; dies ereignete sich nun wircklich im Ramadhân und veranlasste eine allgemeine Erhebung der Araber[1]). Die Banu Ḥubeisch bemächtigten sich der Stadt Ça'da, Ridhwân sah sich genöthigt um Frieden zu bitten und musste die Stadt 'Omrân mit ihrem Gebiete an Muṭahhar abtreten.

Von den Berichten der beiden Statthalter war der des Murâd durch die Parteilichkeit des Ägyptischen Statthalters Maḥmûd zuerst nach Constantinopel befördert und hatte die Abberufung Ridhwâns zur Folge; Murâd erhielt den Auftrag, Ridhwân von seiner Entlassung in Kenntniss zu setzen und hiess ihn die Regierung einstweilen an den Emir Muhammed Kizilbâsch (Rothkopf) abzutreten, bis der neu ernannte Statthalter eintreffen würde. Dies ermuthigte die Araber noch mehr. Muṭahhar belagerte Muhammed in Çan'â und schnitt ihm die Zufuhren ab, Murâd, welcher jetzt die Treulosigkeit Muṭahhars erkannte, rückte von Ta'izz aus, lagerte am 26. Dsul-Ca'da 974 (4. Juni 1567) bei Dsamâr und wollte auf Muhammeds wiederholtes Andringen ihm eine Sendung Lebensmittel unter Bedeckung zukommen lassen, sie wurde aber von den Arabern aufgehoben, wobei der Führer, Muhammeds Bruder Ahmed, das Leben verlor. Zu gleicher Zeit verbündeten sich die Araber von Ba'dân, von Ober- und Unter-Schawâfi, Ḥubeisch, Ta'kur, el-Scha'r, Çahbân und el-'Arabein gegen die Türken, sie vertrieben die Besatzung von Ibb, die sich nach Gibla zurückzog, wo sie sich, da die Thore von den Einwohnern den nachfolgenden Arabern geöffnet wurden, in die Burg einschloss. Sie musste sich bald ergeben und sollten ohne Waffen und Gepäck unter Bedeckung nach Ta'izz geleitet werden;

1) Nach der Christlichen Zeitrechnung fielen die beiden Finsternissen allerdings in einen Monat am 9. und 23. April 1567, nach der Muhammedanischen aber in zwei Monate am 29. Ramadhân und 13. Schawwâl.

sobald indess die Türken aus der Burg heraustraten, wurden sie von den Arabern niedergemacht, um, wie sie sagten, auch ein *maḥmûdia* (S. 10) aufzuführen. — Murâd, von den Gegnern gedrängt, wollte sich nach Ta'izz zurückziehen, er vertraute sich einem Arabischen Scheich an, der ihn auf einem Umwege, der von den Feinden nicht besetzt sei, dahin führen wollte, er wurde von ihm verrathen und ein grosser Theil seines Corps niedergemacht; er selbst entkam unter dem Schutze der Nacht, fiel aber anderen Arabern in die Hände, die ihm den Kopf abschlugen und die ihn begleitenden Emire gefangen nahmen.

Nun ergab sich Çan'â; Muṭahhar hielt dort am 3. Çafar 975 (9. Aug. 1567) seinen Einzug, gab, der gemachten Zusage entgegen, die Wohnungen der Türken der Plünderung preis und liess die Besatzung nach verschiedenen festen Plätzen im Gebirge abführen; am 5. Çafar sandte er Truppen ab, um Ta'izz, Ba'dân und die umliegenden Ortschaften zu unterwerfen.

Der an Ridhwâns Stelle ernannte Statthalter Hasan Pascha traf gegen Ende des Çafar 975 (Anfang Sept. 1567) in Zabîd ein, konnte sich aber nicht in seine Provinz begeben, weil sie ganz von den Zeiditen in Besitz genommen war, und blieb in Zabîd, wo Muhammed el-Schahla (das alte Weib) als Emir Statthalter das Commando übernommen hatte. Hasan nahm auf die dringenden Vorstellungen des Commandanten von Ta'izz ihm Hülfe zu senden keine Rücksicht, sodass sich die Stadt sammt der Festung am 3. Rabî' II. (7. Oct. 1567) den Zeiditen ergeben musste, während Hasan den Einwohnern von Zabîd hohe Steuern auflegte, die er durch einen Einnehmer Namens Muhammed el-Baschkarî eintreiben liess, wodurch eine grosse Anzahl der reichsten veranlasst wurde auszuwandern. Gegen Ende des Ramadhân (März 1568) erhielt Hasan seine Ernennung zum Statthalter von Tihâma und zum Befehlshaber aller Türkischen Truppen in Jemen bis zur Ankunft der Armee, welche der Sultan hinschicken wollte. Die Zeiditen eroberten unterdess eine Stadt nach der anderen; 'Aden hatte sich lange gehalten, bis die Hungersnoth die Einwohner zur Übergabe zwang. In gleicher Weise musste sich die Festung Ḥabb an Ali, den Bruder des Muṭahhar, ergeben und Ali ben Schuweija zog am 17. Dsul-Ḥiggâ in Mauza' ein, kam dann nach Mocha, wo er eine Besatzung zurückliess, worauf er sich gegen Zabîd wandte. Hier machten die Türken einen Ausfall und schlugen die Zeiditen in die Flucht, sodass sie ihre Zelte und ihr Gepäck im Stiche lassen mussten.

Indess war um diese Zeit die Macht der Türken in Jemen am tiefsten gesunken und der Sultan Selîm, welcher jetzt erst eine genaue Kenntniss von der Lage erhielt, beschloss eine grosse Armee hinzuschicken um das Verlorene wiederzugewinnen und der nächste Feldzug wird nicht mit Unrecht die zweite Eroberung des Landes genannt.

Hier beginnen auch die Nachrichten in den Biographien des *Muḥibbí*, durch deren Aneinanderreihung man einen ziemlich vollständigen Überblick über die Ereignisse gewinnt, indem er nicht bloss eine Aufzählung von einzelnen Thatsachen giebt, sondern auch ihren Zusammenhang erkennen lässt. Muḥibbí führt einige Specialgeschichten aus dieser Periode an von Mitgliedern der regierenden Familie, zu diesen gehört 'Îsâ ben Luṭfallah ben el-Muṭahhar ben Scharaf ed-dîn Jaḥjá, ein ebenso gelehrter als wohlwollender Prinz in Kaukabân, der sich mit mancherlei Fächern, besonders mit den schönen Wissenschaften und Sternkunde beschäftigt hatte; er schrieb eine Geschichte unter dem Titel روح الروح *Laetitia animae*, scheinbar für die Türken, in Wirklichkeit aber zum Lobe seiner Vorfahren. Da sein Zeitalter nicht näher bekannt ist, muss man sich daran halten, dass er an den Imâm el-Câsim (§. 12), als die Truppen im Rabî' II. 1022 (Mai 1613) von Kaukabân nach Schabâra gegen die Türken auszogen, eine lange Caçîde richtete, worin er ihn gegen die Anschuldigungen der Leute vertheidigte. — Ein anderes Geschichtswerk desselben Verfassers führte den Titel الانفاس اليمنية فى الدولة الاحمدية *Potus sufficientes Jemenenses de regno Muhammedico.*

I. Die zweite Eroberung.

§. 1. *Lâlâ Muçṭafâ Pascha.*

Gleich nach dem Regierungsantritt des Sultans Selîm ben Suleimân (reg. 974—982) wurde in Constantinopel Lâlâ Muçṭafâ Pascha dazu ausersehen, Jemen wieder zu unterwerfen. Er nahm seinen Weg über Câhira, wo Sinân Pascha als Statthalter von Ägypten residirte, zögerte aber mit der Weiterreise in der Hoffnung, zu dem Commando über die nach Jemen bestimmten Truppen die Statthalterschaft von Ägypten hinzuzubekommen. Er verabredete mit einem seiner Leibbedienten, Sinân Pascha zu Gaste zu laden und ihm in einem Trunke Gift beizubringen. Sinân nahm die Einladung an und liess den Scheich Ahdam ben Abd el-çamid el-'Akkârí einen seiner Vertrauten, der bei ihm die Stellung eines Mentor und Hofmeisters hatte, ohne dessen Rath er nichts that, zu sich rufen und sagte zu ihm: komm mit, wir wollen zusammen zu dem Gastmahl gehen. Er antwortete: bei Gott! ich gehe nicht mit dir, sei du aber auf deiner Huth vor deinem Leben, denn ich bin um dich besorgt; die Leute behaupten, dass man dir einen Schaden anthun wolle. Als Sinân dann hinkam und der Becher mit vergiftetem Gerstensaft mit Zucker versüsst gereicht wurde, nahm er ihn nicht an, sondern bat einen der anwesenden Emire davon zu trinken; der Angeredete erwiederte: ich für mein Theil werde aus diesem Becher nicht trinken; wodurch sein Verdacht noch vermehrt wurde. Da sprach ein Mann, der zur Bedienung dastand: wie lange wollte ihr noch anstehen zu trinken? Er nahm den Becher um zu trinken und als er ihn an die Lippen ansetzte, lösste sich augenblicklich das Fleisch davon ab, die Vorderzähne und das Barthaar fielen aus, da warf er den Becher von sich. Die Anwesenden merkten die Geschichte. Sinân Pascha stand auf, indem er die Worte des Coran sprach (Sure 35,41): »Die schändliche List fällt auf die zurück, von denen sie ausgeht«. Er rief, dass ihm sein Pferd vorgeführt werde, stieg auf und ritt davon.

Lâlâ Muçṭafâ hatte nun zwar alle Vorbereitungen zu einem Zuge nach Jemen getroffen, er hatte allen Kriegsbedarf angeschafft und eine grosse Armee zusammengebracht, von welcher auch ein Theil unter dem Emir Othmân zu Schiff nach Gidda abgegangen und dann in den Häfen von el-Buk'a und el-Ḥudeida gelandet war; allein die übrigen Truppen bezeigten ebensowenig Lust als er selbst, das behagliche Leben in Ägypten mit den Kriegsgefahren in Jemen zu vertauschen; er war desshalb auch schon schriftlich mit Muṭahhar in Unterhandlung getreten, um ihn auf friedliche Weise zur Unterwerfung unter die Oberhoheit des Sultans zu bewegen, freilich ohne Erfolg. Darüber war fast ein

Jahr hingegangen, bis endlich der Sultan, als er alle die Gründe dieser Verzögerung erfuhr, beschloss ihr mit einem Male ein Ende zu machen. Lâlâ Muçṭafá verlor das Commando und den Titel eines Wezir, wurde nach Constantinopel zurückberufen und nur wegen seiner früheren Verdienste in dem Kriege gegen die Ungarn, besonders bei der Belagerung von Szigeth, begnadigt. Dagegen erhielt Sinân Pascha den Auftrag die Expedition nach Jemen zu unternehmen.

§. 2. *Sinân Pascha.*

Er brach am 17. Ragab 976 (5. Jan. 1569) von Câhira auf, nahm den Landweg nach Janbu', wo bei seiner Ankunft am 12. Scha'bân (30. Jan.) die Schiffe mit dem Kriegsmaterial aus Suez bereits eingetroffen waren, und am 22. Scha'bân (9. Febr.) hielt er seinen Einzug in Mekka, während die Truppen, die er in strenger Zucht und Ordnung hielt, ausserhalb der Stadt lagern mussten. Am 4. Ramadhân (26. Febr.) zog er weiter und erreichte gegen das Ende des Monats (Mitte März) Gâzân, wo, nachdem der hier commandirende Emir Muṭahhar die Flucht ergriffen hatte, Sinân die Abgeordneten der benachbarten Arabischen Stämme empfing, welche ihm ihre Unterwürfigkeit erklärten. Nachdem er die Regierung dieses Districts geordnet hatte, eilte er dem Emir Othmân zu Hülfe, welcher die Stadt Ta'izz am Ende des Ragab 976 (Mitte Jan. 1569) eingenommen hatte, aber die sie beherrschende Festung el-Câhirija nicht erobern konnte und jetzt von den Zeiditen im Rücken hart bedrängt wurde, die ihm den Rückzug nach Zabîd abschnitten. Sinân schickte ihnen ein Corps von 1000 Mann unter Othmân entgegen, vor dem die Zeiditen sich in die Berge zurückzogen; sie kamen dann mit der überlegenen Macht von 50000 Mann in die Ebene herab, wurden aber Sonnabend d. 13. Dsul-Ca'da (29. April) von den Türken in die Flucht geschlagen, denen die Zelte mit reicher Beute in die Hände fielen, welche unter die Soldaten vertheilt wurde. Vier Tage nachher zog Sinân auch in die Festung von Ta'izz ein, nachdem durch den Verrath des Commandanten, welcher der Secte der Ismâ'îliten angehörte, die Thore geöffnet waren.

Jetzt richtete Sinân sein Augenmerk auf 'Aden, wie ihm schon der Sultan befohlen hatte, damit nicht die Portugisen dort landen und sich festsetzen könnten: die Stadt war damals im Besitz der Zeiditen unter dem Commandanten Câsim, welcher die Portugisen zu Hülfe gerufen hatte um die Seeseite zu decken, während er selbst die Landseite vertheidigen wollte. Die Türkische Flotte unter dem Admiral Cheir ed-dîn Cara Ogli lag in dem Hafen von Mocha. Sinân gab ihm Befehl nach 'Aden zu segeln und er traf dort kurz vor der Portugisischen Flotte ein und schlug sie in die Flucht, kehrte aber dann, anstatt sie zu verfolgen, nach 'Aden zurück, wo unterdess ein von Sinân voraufgesandtes Corps eingetroffen war, sodass die Stadt nach kurzer Belagerung am 29. Dsul-Ca'da 976 (15. Mai 1569) erobert wurde. Câsim wurde hingerichtet und die Arabischen Soldaten als Ruderer auf die Schiffe gebracht.

Sinân war bei Ta'izz noch zurückgehalten durch die Wiedersetzlichkeit des Emir Othmân, welcher sich ihm nicht unterordnen wollte und behauptete, er commandire die älteren Truppen und Sinân nur die von ihm mitgebrachten. Othmân zog durch Drohungen und Versprechungen die Araber und selbst einige Soldaten des Wezirs auf seine Seite, schon standen zwei Parteien der Türken feindlich gegen einander, da legte Sinân jetzt erst in einer Versammlung der Officiere eine Ordre des Sultans vor, wodurch er allein zum Statthalter beider Provinzen von Jemen ernannt, und eine andere, wodurch Othmân abberufen wurde. Othmân unterwarf sich dieser ihm mitgetheilten Ordre, blieb aber noch, bis ein Courier, den er abschickte, den erneuten Befehl des Sultans brachte, dass er nach Constantinopel zurückkommen solle.

Nach seiner Abreise brach Sinân von Ta'izz auf und lagerte bei el-Câ'ida, wo überlegt wurde, welchen Weg er einschlagen könne um nach Çan'â zu kommen; die beiden Hauptstrassen dahin hatten die Araber in den Ebenen durch Überschwemmung aus den Bergwassern, in den Engpässen durch Anhäufung von Steinen unzugänglich gemacht.

Da traf ihn die Nachricht von der Eroberung von 'Aden, wodurch der Muth seiner Truppen aufs neue gestärkt wurde; er ernannte Husein, den Sohn seiner Schwester, zum Emir Statthalter von 'Aden, gab ihm

200 Mann als Besatzung mit und beeilte sich dem Sultan diesen glücklichen Erfolg zu melden. Dann setzte er am 9. Dsul-Ḥiǵǵa (26. Mai) seinen Marsch fort und wählte gegen die Erwartung der Araber den von ihnen unbeachtet gelassenen Umweg dem Bache Mitham entlang und erreichte gegen die Mitte des Monats die Moschee el-Câ'. Die Kanonen waren besonders schwer auf den schlechten Wegen fortzuschaffen, die Zeiditen beunruhigten den Zug fortwährend, zumal wenn er etwas ins Stocken gerieth, und griffen öfter den Vor- und Nachtrab an, indess durch die Umsicht des Wezirs und durch den Muth seiner Soldaten wurden sie immer mit Verlust zurückgeschlagen. So kam Sinân in die etwas freiere Gegend von Ǵibla und Ta'kur, wo er sein Lager aufschlug. Die gute Zucht, in welcher er seine Mannschaft hielt, sodass sie keine Ausschreitung, keine Plünderung wagen durfte, hatte allmälich das Vertrauen der Araber erweckt, mehrere benachbarte Stämme schickten Abgeordnete zu ihm, um ihm ihre Unterwürfigkeit zu erklären, ebenso die Einwohner von Ǵibla; nur in die hochgelegene für uneinnehmbar gehaltene Festung Ta'kur hatte sich eine grosse Menge Aufständiger geflüchtet, entschlossen sich zu vertheidigen. Als aber Sinân zu einem Sturme Ernst machte und die Belagerten sahen, dass sie keine Hülfe von aussen zu erwarten hatten, ergaben sie sich und wurden freigelassen und der Wezir liess eine Besatzung mit einigen Kanonen dort. Auch mehrere andere feste Plätze wurden eingenommen und besetzt, die weniger wichtigen zerstört.

Nachdem dann Sinân seine Armee wieder gesammelt hatte, wandte er sich gegen die Stadt Ibb am Fusse des Gebirges Ba'dân, dessen Gipfel die Zeiditen besetzt hielten; dadurch dass er sich selbst an die Spitze stellte, erhöhte er den Muth seiner Soldaten, am 10. Muḥarram 977 (25. Juni 1569) wurde die Stadt erobert und demnächst der Feind auch aus dem Gebirge vertrieben. Sinân erwarb sich immer mehr die Anhänglichkeit seiner Leute durch vermehrten Sold und durch Geschenke, welche er ihnen aus eigenen Mitteln machte, während Muṭahhar seine Sparsamkeit und seinen Geiz soweit trieb, dass er über die Eier, welche seine Hühner legten, von seinen Dienern Rechenschaft forderte.

Als ihm der Sultan früher einmal ein sehr kostbares ausserordentliches Geschenk gemacht hatte, gab er dem Überbringer 50 Dinare, welche dieser unter die Trommler und Spielleute vertheilte, die ihn bewillkommt hatten; nach der Abreise des Gesandten liess Mutahhar die Musicanten zu sich kommen und forderte ihnen das erhaltene Geld wieder ab. — Die Bewachung des Gebietes von Ibb und Gibla überliess Sinân einem Corps unter den Emiren Maḥmûd Beg el-Kurdí und Parwiz Beg und er brach am 19. Muḥarram (1. Juli) nach Dsamâr auf, dessen Einwohner ihm die Thore öffneten, und nach einem beschwerlichen Marsche, auf welchem er indess von den Arabern nicht belästigt wurde, traf er am 11. Çafar (26. Juli) vor Çan'â ein. Muṭahhar, welcher hier residirte, war aber durch Kundschafter von der Annäherung benachrichtigt und hatte sich mit seiner ganzen Familie und Dienerschaft ins Gebirge nach Thulâ zurückgezogen. Der Wezir liess seine Truppen vor der Stadt lagern und schickte einzelne Corps aus, welche die Umgegend unterwarfen, darunter das Schloss von Chaulân und andere Besitzungen der Zeiditen, woher sie reiche Beute und eine Menge Gefangene zurückbrachten, die theils als Sklaven unter die Soldaten vertheilt, theils als Ruderer für die Schiffe bestimmt wurden.

Am 4. Rabî' I. (17. Aug.) setzte Sinân seinen Marsch in dem Gebiete des Muṭahhar fort und kam am 9. d. M. nach Schibâm, einer grossen Stadt am Fusse des Berges, auf welchem die Festung Kaukabân[1]) liegt; die Stadt wurde mit List genommen, indem die Türken durch einen unterirdischen Canal, aus dem ein in der Citadelle entspringender Bach abfliesst, bei Nacht eindrangen und die Wachen tödteten, worauf sie die Thore öffneten und die Besatzung nach heftiger Gegenwehr überwältigten; hier wurden auch 500 gefangene Türken in Freiheit gesetzt. Grössere Schwierigkeit machte die Eroberung der beiden Festun-

1) Kaukabân ist eigentlich der Name des Berges, welcher in mehrere Spitzen ausläuft, auf denen Forts erbaut waren, die sich gegenseitig deckten; eins derselben hiess Beit el-'izz »Haus der Macht« und die sehr stark und von einem breiten Graben umgebene Haupt-Festung wurde auch Kaukabân genannt.

gen Kaukabân und Thulâ, welche so nahe bei einander lagen, dass die Communication zwischen beiden nicht zu hindern war. Muṭahhar hatte sich mit seinen beiden Söhnen el-Hâdi und Luṭfallah in Thulâ eingeschlossen und als er erfuhr, dass Sinân einmal sich aus dem Lager entfernt habe um die Zugänge zu Kaukabân zu recognosciren, liess er einen Ausfall auf das Türkische Lager machen, der aber zurückgeschlagen wurde, und ein zweiter Ausfall lief noch unglücklicher ab und el-Hâdi verlor dabei das Leben. Indess auch von Sinâns Seite gelang ein Angriff auf das Fort Beit el-'izz nicht, während von den ausgesandten Corps in anderen Gegenden mehrere feste Plätze eingenommen wurden.

Endlich war es nach den grössten Anstrengungen gelungen, die Kanonen auf eine Anhöhe zu bringen, von wo die Festung beschossen werden konnte, und als der Commandant Muhammed ben Schams ed-dîn dies sah und glaubte sich nicht länger halten zu können, entliess er am 17. Gumâdá I. (28. Oct.) mehrere gefangene Türkische Emire mit dem Auftrage für ihn eine günstige Capitulation zu erwirken. Sinân liess sich auf keine Unterhandlungen ein, sondern zog seine Truppen zusammen, um Kaukabân enger einzuschliessen; mehrere Ausfälle, welche die Belagerten aus Thulâ machten, wurden zurückgewiesen. Aber wenn dann auch nach solchen Erfolgen Sinân auf der einen Seite die umwohnenden Araber für sich zu gewinnen suchte, so wusste auf der andern Muṭahhar durch Verbreitung falscher Nachrichten, dass er die Türken geschlagen habe, viele zu sich herüberzuziehen. So hatte er durch Geschenke, Versprechungen und die Aussicht auf eine reiche Beute in und um Thulâ eine Streitmacht von 1000 Reitern und 8000 Fussgängern vereinigt zu einer Zeit, als Sinân wegen der Belagerung von Kaukabân nur noch 1200 Mann in seinem Lager bei Schibâm hatte. Muṭahhar rückte am 1. Ramadhân 977 (7. Febr. 1570) aus und Sinân befahl den Seinigen sie ruhig herankommen zu lassen, allein in ihrem Kampfesmuth stürzten sich die Türken in die Reihen der Araber, vom Morgen bis zum Abend wurde gekämpft, bis die Araber das Schlachtfeld verliessen, das mit ihren Todten bedeckt war. So musste Sinân beständig auf seiner Huth sein, da er fortwährend von Thulâ her beunruhigt wurde, viel bedenklicher für ihn sah es aber in den übrigen Theilen des Landes aus, wo nach dem Abzuge der Türkischen Besatzungen die Araber sich wieder erhoben um das fremde Joch abzuschütteln, sodass Sinân öfter genöthigt war, einzelne Corps gegen die Aufständigen auszuschicken. Diese Umstände hielt Muṭahhar für günstig um dem Wezir auf einem anderen Felde eine Schlacht anzubieten; Sinân ging darauf ein, am 18. Ramadhân (24. Febr.) trafen die beiden Heere auf der bezeichneten Stelle zusammen und die Zeiditen wurden abermals mit grossen Verlusten geschlagen. Muṭahhar hörte indess nicht auf, den Fanatismus der Araber aufzustacheln und sagte ihnen zum Beweise seiner göttlichen Sendung vorher, dass am 14. Schawwâl 977 (22. März 1570) eine Mondfinsterniss eintreten würde[1].

Der Aufstand breitete sich immer weiter aus, fasst wäre die Haupt-Citadelle von Çan'a durch die Araber erobert, Ibb und Gibla wurden überrumpelt, während die Soldaten in den Kaffeehäusern zerstreut waren, und der grösste Theil der Besatzung wurde niedergemacht; Ta'izz und 'Aden wurden durch die Umsicht und Thätigkeit einiger dorthin gesandten Emire behauptet und die Ruhe hergestellt; ebenso gelang es, den Aufstand in dem Gebiete des Gebirges Sumâr zu unterdrücken.

Sinân richtete nun sein ganzes Streben wieder auf Kaukabân und kam auf den Gedanken, über den breiten Festungsgraben eine Brücke zu schlagen; da es in der ganzen Umgegend an Holz fehlte, wurden Balken und Bohlen, Nägel und Bandeisen aus Çan'â herbeigeschafft. Schon war die Brücke unter dem Schutze der Kanonen fertig hergestellt, da brach sie an einem Ende ab und stürzte in den Graben, die mühsame Arbeit musste von vorn wieder angefangen werden. Der Commandant Muhammed ben Schams ed-din sah nun ein, dass er sich nicht länger würde halten können und seine Officiere waren geneigt zu capituliren;

---

1) *de Sacy* bemerkt hierzu, dass eine Mondfinsterniss in diesem Jahre am 14. Ramadhân (20. Febr.) stattgefunden habe und also der Name des Monats verschrieben sein müsse. Dann muss man auch diese Vorbersagung und ihr Eintreffen vor die eben erwähnte Schlacht setzen.

ebenso sehnten die Türkischen Truppen das Ende der Belagerung herbei und die Emire, welche die Stimmung in der Festung kannten, brachten den Cadhi Schams ed-dîn, welcher bei Sinân die Stelle des Secretärs versah und dessen ganzes Vertrauen besass, auf ihre Seite und dieser fand den Wezir bereit, Friedensverhandlungen anzuknüpfen. Der Cadhi erhielt von ihm den Auftrag, die erste Anfrage zu stellen, er fand bei den Gegnern ein bereitwilliges Entgegenkommen und unter ehrenvollen Bedingungen, wobei Muhammed ein jährliches Einkommen von 600000 Othmanis zugesichert war, wurde am 12. Dsul-Ḥigga 977 (18. Mai 1570) die Festung übergeben.

Hierdurch wurde nun aber auch Muṭahhar so sehr geschwächt, dass er keinen anderen Ausweg sah, als dem Beispiele Muhammeds zu folgen; er liess desshalb mehrmals Sinân um Frieden bitten, aber immer vergebens, weil dieser ihm seine frühere Treulosigkeit nicht vergessen konnte; erst durch die Vermittlung Muhammeds und dessen bündigste Versicherungen der Treue und des Gehorsams liess sich Sinân endlich bewegen, Muṭahhar zu begnadigen. Die besonderen Bedingungen waren, dass er die Oberhoheit des Sultans anerkenne, für welchen in allen Moscheen des Landes das Gebet gesprochen und mit dessen Namen die Münzen geprägt würden, dass er auf alles von den Türken früher besessene Land und das, was sie jüngst erobert hatten, verzichten und nur als seine Residenz die Stadt Ça'da mit ihrem Gebiete behalten, aber davon eine jährliche Pachtsumme bezahlen und dort eine Türkische Besatzung aufnehmen solle, und dass er den in der Festung Ḥabb noch eingeschlossenen Aufrührern weder Hülfe bringen, noch mit ihnen eine Verbindung unterhalten wolle. Nachdem darauf Thulâ übergeben war, kehrte Sinân mit der Armee nach Çan'â zurück und fing an, die Verwaltung des Landes wieder zu ordnen.

Dem längst gehegten Wunsche, von seinem Posten abberufen zu werden, hatte der Sultan entsprochen und der Nachfolger Behrâm Pascha war mittlerweile bereits in Jemen eingetroffen; Sinân unterstützte ihn noch durch ein Hülfscorps, um noch einige aufständige Araber vollends zu unterwerfen, liess ihn dann zu sich kommen und ertheilte ihm

Rathschläge über die Führung der Truppen und die Behandlung der Eingeborenen und übergab ihm die Regierung beider Theile der Provinz. Tihâma und Gabal, des Küstenstriches und des Gebirgslandes, die er in dem Zeitraume von etwas mehr als zwei Jahren dem Türkischen Scepter wieder unterworfen hatte. Den mit ihm gekommenen Truppen stellte er es frei, zu bleiben oder mit ihm zurückzukehren; die meisten wählten das erste, weil sie in Jemen höheren Sold bekamen. Er reiste nach Mocha, schiffte sich hier am 1. Schawwâl 978 (2. März 1571) ein, landete am 18. (16.) d. M. in Gidda, begab sich nach Mekka und verweilte hier zwei Monate, bis die Wallfahrt vorüber war, wobei er alle Gebräuche streng beobachtete. Während der Zeit seines dortigen Aufenthaltes stiftete er schöne Denkmäler, unter anderen liess er den Weg um die Ka'ba neu herstellen, derselbe war bisher mit Kies bedeckt und am Rande mit behauenen Kantensteinen wie mit einem Fries eingefasst, jetzt wurde dieser Rand mit harten Steinplatten belegt und in den Festtagen Teppiche darüber gedeckt, sodass es ringsherum ein angenehmer Aufenthaltsort wurde, darüber hinaus war der Platz wie in dem übrigen Theile der Moschee mit kleinen Kieselsteinen beworfen. Ferner liess er den Weg nach Tan'îm theils ausbessern, theils neu anlegen und aus einem entfernten Brunnen in einem aus Sand und Kalk hergestellten Canale das Wasser bis an den Weg leiten, wobei ein Diener angestellt war, welcher das Wasser aus dem Brunnen schöpfen und in den Canal ausgiessen musste, sodass die Vorübergehenden daraus trinken und die zur kleinen Wallfahrt 'Omra dahin kommenden sich waschen konnten; zum Unterhalt des dabei Angestellten bestimmte er den vierten Theil seiner Legate aus Ägypten. — In Medina besuchte er das Grab des Propheten und liess während seiner Anwesenheit in einem Seitenthale für die Carawanen der Pilger einen Brunnen graben. In Mekka sowohl als in Medina stiftete er eine Einrichtung, dass von 30 Personen jede täglich einen der 30 Abschnitte des Coran vorlesen musste, sodass er täglich einmal ganz gelesen wurde.

Noch ehe Sinân Câhira erreichte, erhielt er die Nachricht, dass der Sultan ihn wieder zum Statthalter von Ägypten ernannt habe, er erstattete also nur einen schriftlichen Bericht über seine Erfolge in Jemen und blieb gleich in Ägypten, wo er während einer friedlichen Regierung viele zweckmässige und nützliche Einrichtungen machte, bis er im Anfange des J. 980 (Mai 1572) nach Constantinopel berufen wurde. Hier wurde er mit den grössten Ehrenbezeigungen empfangen, erhielt mit dem Range und Gehalte eines Wezir einen Platz im Staatsrath und wurde besonders in Angelegenheiten, welche Ägypten, Mekka, Medina und Jemen betrafen, stets zu Rathe gezogen. Im folgenden Jahre übertrug ihm der Sultan Selîm den Oberbefehl über die Armee, welche mit der Flotte unter dem Admiral Kilig Ali Pascha gegen die Franken (Spanier) nach der Africanischen Küste gesandt werden sollte, um Tûnis mit der von den Christen im J. 939 (1532) erbauten Festung **Halk el-wâdi**[1]) wieder zu erobern. Die Christen nämlich, veranlasst durch die Uneinigkeit der Magribinischen Herrscher aus der Dynastie der Banu Hafç, von denen die einen sich mit den Spaniern gegen die andern verbündeten, waren dadurch nach den Ländern der Muslim lüstern gemacht, hatten sie erobert und in Besitz genommen und die Festungen und Burgen verstärkt, Guletta neu angelegt; die Muslim verzweifelten daran sie wieder zu gewinnen und mussten sich unter die Herrschaft der Spanier beugen. Diese hatten die ganze Regentschaft Tûnis unterworfen, viele Männer getödtet, Frauen und Kinder zu Gefangenen gemacht. Beseelt von dem Wunsche die Glaubensgenossen von dem fremden Joche zu befreien und das Land unter Türkische Herrschaft zu bringen liess der Sultan Selîm 200 Galeeren ausrüsten, mit Soldaten bemannen und mit Kanonen und Kriegsgeräth versehen und die Flotte segelte am 28. Muharram 982 (20. Mai 1574) von Constantinopel ab; es war ein Kriegszug, der zu den grössten gehört, welchen die Othmanen unternommen haben, (dessen Einzelheiten bei Cutb ed-dîn nachzulesen sind, woraus wir nur das Wesentlichste kurz hervorheben wollen, schreibt *Muhibbi*). Die Muslim schlugen die Spani-

1) d. i. *gula rivi*, da sie an der Mündung eines kleinen Flusses liegt, daher der Name **Guletta**.

sche Flotte, bohrten 30 Schiffe derselben in den Grund und eroberten 50 und trugen überall einen vollständigen Sieg davon: gegen 10000 Christen verloren in den verschiedenen Kämpfen das Leben und wunderbar, was die Spanier in 43 Jahren an festen Plätzen und Burgen erbaut hatten, das wurde von Sinân Pascha während der Belagerung in 43 Tagen zerstört, sodass davon keine Spur übrig blieb. Er kehrte dann nach Constantinopel zurück und wurde von dem Sultan Murâd am 3. Rabî' I. 988 zum Grosswezir ernannt, und als er von diesem Posten enthoben wurde, erhielt er die Statthalterschaft von Damascus. Hier gründete er eine Moschee vor dem Thore Gâbia mit Badehäusern, einem Marktplatze, der sich mit den schönsten messen kann, und mit Gasthöfen für die Reisenden. In der Folge kam er noch viermal wieder in seine frühere Stellung als Grosswezir; zum dritten Male war er im Rabî' I. 1004 entlassen und Lâlâ Muhammed Pascha an seine Stelle gekommen, dieser starb aber schon nach drei Tagen[1] und Sinân Pascha trat wieder ein, starb aber ebenfalls schon im Scha'bân dieses Jahres (April 1596). — In einem seiner Wezirate war er auch gegen die ungläubigen Nemse (Deutschen) gesandt und eine seiner ausgezeichnetsten Thaten ist die nach einer Belagerung von 70 Tagen erfolgte Erstürmung der himmelhohen Festung Jânik (Jaurinum in Ungarn), wie es der Diwan-Secretär Abd el-karîm ben Sinân († in den 1010er Jahren. G. 560) in seinen Biographien geschildert hat. — Auch in Bûlâk hat Sinân eine Moschee erbauen lassen, ebenso in Jemen (Zabîd), Constantinopel und anderen Städten, und die Anzahl der von ihm errichteten Moscheen, Bethäuser, hohen Schulen, Gasthöfen und Bädern beläuft sich auf mehr als Hundert; überhaupt hat er unter allen Weziren der Othmanen die meisten und den Menschen nützlichsten Bauwerke gegründet.

1) Nach seiner Biographie von *Ibn Nau'i* (G. 562) wurde Lâlâ Muhammed Pascha am 17. Rabî' I. 1004 zum Grosswezir ernannt, erkrankte aber, sodass er nur einmal im Diwan erscheinen konnte und starb zehn Tage nach seiner Ernennung.

§. 3. *Behrâm Pascha.*

Behrâm war ein Sohn des Muçṭafâ Pascha Kara Schâhîn und Bruder des Ridhwân Pascha, welche beide gleichfalls, wie oben S. 9 u. 10 erwähnt ist, Statthalter von Jemen gewesen waren. Er landete mit 600 Mann frischer Truppen aus Ägypten in dem Hafen von el-Buk'a, traf im Anfange des Dsul-Ḥiggâ 977 (Mai 1570) in Zabîd ein, und nachdem er einiges in der Verwaltung geordnet und statt des bisherigen Schâfi'iten einen Ḥanefiten zum Vorsteher in der grossen Moschee angestellt hatte, wie es im ganzen Türkischen Reiche eingeführt werden sollte, setzte er seinen Marsch über Ḥeis fort und lagerte am 1. Muḥarram 978 (5. Juni 1570) bei Mauza' und am 5. Muḥarram bei Ta'izz. Hier verstärkte er sein Corps aus der Besatzung durch 800 Reiter und 700 Fussgänger, schlug damit am 20. Muḥarram bei el-Câ'ida einige Araber in die Flucht, die sich seinem Vormarsch wiedersetzten, und erhielt dann auf seinen Wunsch bei Schibân el-Ta'kur weitere Verstärkung von Sinân Pascha, mit deren Hülfe alsbald die ganze Gegend unterworfen wurde. Nur 'Alí ben Muṭahhar hielt sich noch in der Festung Ḥabb, welche nun belagert werden musste und schwerlich sobald eingenommen wäre, wenn sich nicht Verräther gefunden hätten. Ein Türkischer Cadhi, ein Arabischer Söldling und ein Waffenschmidt, welche als Gefangene in der Festung frei umhergingen, fassten den Plan das Pulvermagazin in Brand zu stecken; sie bemerkten in dem Dache desselben eine Öffnung um etwas Licht hineinzulassen, sie banden also einer Katze eine brennende Lunte an den Schwanz, trieben sie in die Öffnung, und alsbald flog das Magazin in die Luft; der ganze Berg wurde erschüttert und ein Theil der Festungswerke stürzte zusammen. Die Thäter wurden ermittelt und mit zusammengebundenen Füssen von dem Felsen hinabgestürzt, indess war der angerichtete Schaden nicht so gross, dass die Belagerer einen Sturm hätten unternehmen können. Nun verabredeten zwei Söldlinge, die im Dienste des Commandanten Ali standen, und sein ganzes Vertrauen besassen, ihn zu vergiften, was um so leichter war, als Ali sich gewöhnlich in trunkenem Zustande befand. Einer von den beiden schlich sich aus der Festung, um Behrâm von dem Plane in Kenntniss zu setzen, er billigte ihn und wollte zu einer bestimmten Zeit gegen die Festung anstürmen. Der Verräther begab sich zurück ins Schloss, fand Ali berauscht und reichte ihm einen vergifteten Granatapfel, und kaum hatte er ihn verschluckt, so fiel er todt nieder. Die Besatzung wehrte sich nicht länger und öffnete dem schon herankommenden Pascha die Thore, welcher am 3. Ragab 978 (1. Dec. 1570) seinen Einzug hielt, und damit war das ganze Land, welches die Türken früher besessen hatten, und noch einige Gebiete und feste Plätze mehr unterworfen.

Nach einem anderen Schriftsteller wäre die Festung Ḥabb schon im J. 969 1561 von dem Zeiditen Omar el-Naddhârî wegen Wassermangel an Maḥmûd Pascha übergeben. Ein dritter sagt, Behrâm selbst habe das Waffenmagazin Ali's am Ende des Rabî' I. 978 in Brand gesteckt und sei dann mit der ganzen Armee am 17. Rabî' II. (18. Sept.) vor die Festung Ḥabb gerückt und habe die Belagerung begonnen. Als Ali am 26. d. M. starb, verheimlichten die Belagerten seinen Tod zehn Tage, mussten sich aber nach einer Belagerung von 75 Tagen am 6. Ragab (1. Dec.) ergeben. — Es scheint, dass Ḥabb nach Maḥmûd Pascha wieder in die Hände der Araber gekommen war und eine Verwechselung zweier verschiedener Besitzer des Namens Ali stattgefunden hat. Vergl. oben S. 10.

Behrâm begab sich darauf nach Dsamâr, wo er am 15. Scha'bân (12. Jan. 1571) mit Sinân Pascha zusammentraf, welcher ihm die Regierung übergab und abreiste. Der Commandant von Ḥabb Namens el-Muweiha, welcher nach Ali's Tode die Festung übergeben hatte und zur Belohnung auf seinem Posten mit einem bedeutenden Jahresgehalte belassen war, versuchte doch noch einmal die umwohnenden Araber gegen die Türken aufzuwiegeln, er hatte dieserhalb sogar auch an Muṭahhar geschrieben; der Brief war aufgefangen, und da er schon gegen Dsamâr mit einem grossen Anhange heran marschirte und bereits bis Jarim gekommen war, schickte ihm Behrâm ein Corps Cavallerie entgegen, welches ihn mit seiner ganzen Schaar tödtete und ihre Köpfe nach Dsamâr brachte.

Nachdem nun die Ruhe im ganzen Lande hergestellt war, legte Behrâm am 10. Ramadhân (5. Febr. 1571) den Grund zu einer neuen Stadt, welche er in Bezug auf die lange nicht gekannte friedliche Zeit *Malḥadh el-amân* »Anblick des Friedens« nannte, indem zugleich in dem ersten Worte nach dem Zahlwerth der Arabischen Buchstaben die Jahrszahl der Erbauung 978 ausgedrückt ist; sie lag so günstig im Mittelpunkte, dass sie nach allen Seiten, nach den Hauptorten Çan'â, Ta'izz, 'Aden, Ba'dân und Zabîd eine bequeme Verbindung hatte und zum Sitz der Regierung und zur Residenz des Pascha recht geeignet war.

Einige Verwaltungsmassregeln, welche die Besteuerung erleichterten, wurden von der Bevölkerung gut aufgenommen, alle festen Plätze erhielten nach und nach Türkische Besatzung, nur hier und da fand sich noch einiger Widerstand, und als Muṭahhar im J. 980 gestorben war, sandte dessen Sohn Abd el-rahman einen seiner Vettern als Geissel nach Dsamâr.

Die Nachricht von dem am 27. Scha'bân 982 (12. Dec. 1574) erfolgten Tode des Sultans Selim war am 14. Dsul-Ca'da (25. Febr. 1575) nach Malḥadh gekommen und der Schatzmeister in Jemen hatte verlauten lassen, dass der neue Sultan Murâd III. für jeden Soldaten ein ausserordentliches Geschenk bewilligt habe; dies veranlasste die Truppen zu hohen Forderungen, sie nahmen in der Moschee gegen Behrâm eine drohende Stellung an, sodass er sich genöthigt sah jedem Fussgänger 16, jedem Reiter 21 Goldstücke auszahlen zu lassen. Zugleich war in jener Nachricht schon angedeutet, dass Behrâm von seinem Posten würde abberufen werden und vier Tage nachher überbrachte auch Muhammed Aga, der einstweilen voraufgesandte Stellvertreter des neuen Statthalters Muçṭafâ Pascha, das darauf bezügliche Schreiben, wonach Behrâm bis zu dessen Ankunft die Regierung weiterführen solle. Durch die Falschheit des Zahlmeisters wurden am 5. Muḥarram 983 (16. April 1575) die Soldaten aufgereizt zu verlangen, dass die Leibwache des Pascha aus seinem Palais herauskommen und mit ihnen gemeinschaftliche Sache machen sollte: als ihnen dies entschieden abgeschlagen wurde, brachten die Meuterer die Anklage vor, dass in der vergangenen Nacht einer der ihrigen von den Leuten des Pascha ermordet sei, und nach langem Hin- und Herreden wurde desshalb angeordnet, dass jede Nacht ein Hauptmann mit seiner Compagnie durch die Stadt die Runde machen und alle, die sich auf den Strassen umhertrieben, zur Strafe ziehen solle. Am 10. Çafar (21. Nov.) brachten die Officiere in Erfahrung, dass der Zahlmeister versuchen wolle, sich Behrâm's und seines Nachfolgers zu entledigen, um selbst Statthalter von Jemen zu werden, und dass er durch das Versprechen eines erheblich höheren Soldes eine Partei der Soldaten für sich gewonnen habe. Die Officiere verlangten, dass er aus Dsamâr ausgewiesen würde, und da er sich weigerte zu gehen, konnte Behrâm nur soviel erreichen, dass er ihn seiner Stelle enthob und seine Geschäfte selbst übernahm.

Mittlerweile war der neue Statthalter Muçtafá in dem Hafen el-Çalîf angekommen und dann bei el-Buk'a ans Land gestiegen, und Behrâm wollte ihm bis dahin entgegen gehen; er verliess Dsamâr, nahm seinen Weg über Jarîm und Machâdir und lagerte sich am 6. Rabî' II. (15. Juli) bei Sudd Maschwara, dem Hauptorte in dem unteren Schawâfi Districte, wo er die Commandanten der benachbarten Städte Gibla, Ta'izz und Ba'dân empfing. Zwei Tage darauf, kam die Nachricht, dass Muçtafá in el-Buk'a gestorben sei und Behrâm begab sich nach Ta'izz, um hier die weiteren Befehle der Regierung zu erwarten. Der Zahlmeister dachte sich den Tod des Muçtafá zu Nutze zu machen, er ging mit einigen seiner Rotte nach Zabîd, um die dortige Besatzung und die mit Muçtafá angekommenen Truppen auf seine Seite zu ziehen und sich des reichen Nachlasses desselben zu bemächtigen; die Emire von Zabîd waren ihm aber zuvorgekommen und hatten den Nachlass wieder auf die Schiffe bringen lassen und Behrâm von diesem Vorfall benachrichtigt; dieser schickte einige Emire hin, welche den Zahlmeister festnahmen und ihm den Kopf abschlugen, wonach seine Anhänger sich zerstreuten.

Behrâm liess die neuen Truppen nach Ta'izz kommen und nach

Dsamâr abmarschiren, wo er Ali Beg als Commandanten zurückgelassen hatte; hier stellten sie alsbald, von den Meuterern verleitet, ebenfalls die Forderung eines höheren Soldes, die Gegenvorstellungen halfen nichts, es kam zu den äussersten Ausschreitungen, sodass sie auf die Leute des Ali Beg schossen, mehrere tödteten und seine Wohnung belagerten, bis er nachgeben musste und sie dadurch beruhigte, dass er ihnen Anweisungen auf die Casse ausstellte. In der Nacht verliess er die Stadt mit seinen treuen Truppen und forderte am anderen Morgen die Aufständigen unter Androhung auf sie schiessen zu lassen auf, die ihm abgepressten Anweisungen herauszugeben; sie thaten dies, verlangten aber wenigstens ein einmaliges Geschenk und liessen sich endlich zu einem Aufschub überreden, um darüber an den Pascha zu berichten. Behrâm gab den an ihn abgesandten Emiren die Weisung, die grossherrliche Fahne aufzupflanzen und alle dem Sultan treu ergebenen Soldaten aufzufordern, sich um sie zu schaaren und gegen die Widerspenstigen mit Gewalt vorzugehen; dies geschah und von denen, welche jetzt nicht zum Gehorsam zurückkehrten und mit den Waffen angegriffen wurden, blieben 60 auf dem Platze, die übrigen zerstreuten sich.

Als endlich am 27. Schawwâl 983 (29. Jan. 1576) die Nachricht kam, dass Murâd Pascha zum Statthalter von Jemen ernannt sei, gab Behrâm die Regierung ganz an Ali Beg ab, reiste am 4. Dsul-Ca'da (4. Febr.) von Ta'izz nach Zabid und von da am 12. d. M. zu Lande über Mekka nach Constantinopel zurück.

§. 4. *Murâd Pascha.*

Murâd stammte aus el-Charwâd الخرواد, war schon früher in Jemen gewesen, wo er in den Diensten des Statthalters Maḥmûd Pascha (S. 10) gestanden hatte, war mit ihm nach Ägypten zurückgekommen und dessen Stellvertreter gewesen, und als Maḥmûd im Scha'bân 975 (Febr. 1568) von den Ägyptischen Truppen getödtet wurde (S. 10), erhielt Murâd die Verwaltung einer Provinz von Ägypten, dann die Statthalterschaft von Habessinien, bis ihn der Sultan Murâd zum Wezir und Statthalter von Jemen ernannte. Er landete in dem Hafen von el-Çalîf

im Rabī' I. 984 (Juni 1576) und zog im Gumādá II. (August) in Çan'â
ein. Wenn schon die Stimmung, welche damals unter den Türkischen
Truppen herrschte, seine Stellung zu einer sehr schwierigen machte, so
wurde seine Lage noch bedrängter, als in der Mitte des Ramadhân 986
(Mitte Nov. 1578, der Imâm el-Hasan ben Ali el-Muajjidí¹ sich auf-
lehnte; die Schī'iten von Ça'da schlossen sich ihm an, er zog mit ihnen
ins Gebirge el-Ahnûm und die Kriegsflamme loderte im Lande auf.
Er eroberte mehrere Orte und sandte seine Boten mit Briefen aus, ihm
beizutreten; Luṭfallah gab ihm eine abschlägige Antwort und verwehrte
ihm den Eintritt in sein Land. Muhammed ben Schams ed-din machte
es ebenso und Jaḥjá ben el-Muṭahhar war nahe daran ein Gleiches zu
thun, wurde aber noch durch einen Bruder des Imâm für diesen gewonnen und übergab ihm mehrere Festungen. Luṭfallah sandte den
Prinzen Abdallah ben Ahmed ben Schams ed-din und den Häuptling
Margân gegen ihn aus, sie verliessen el-Chaschab und nahmen mehrere
der schon abgefallenen Städte wieder in Besitz, indess behauptete sich
el-Hasan in dem Gebirge el-Ahnûm volle sieben Jahre.

Daneben hat Murâd in Jemen manches Gute gestiftet; er war ein
Freund der Gelehrten und den Gottesfürchtigen gewogen und hatte
einen festen Glauben an den frommen Scheich Abd el-kâdir el-Ga'dí
und dessen Söhne in Jemen, welcher ihm, als er noch Schatzmeister
des Maḥmûd Pascha war, vorhergesagt hatte, dass er Statthalter von
Jemen werden würde. Dieser Scheich hatte auch einmal Maḥmûd veranlasst, seinen Kopf in den Ärmel des Scheich zu stecken und Maḥmûd
hatte darin einen Mann gesehen, der mit einer Kugel nach ihm schiessen
wollte, wesshalb er für sein Leben besorgt war; der Scheich beruhigte
ihn etwas damit, dass dies in Ägypten geschehen würde, und so traf
es ein, wie oben erwähnt ist. — Später, als Murâd in Jemen entlassen
und General der grossherrlichen Armee geworden war, schickte er an
Zeid, den Sohn des Scheich Abd el-kâdir, ein kostbares Gewand mit

---

1) Die Genealogie ist: el-Hasan ben Ali ben Dāwûd ben el-Hasan ben Ali
ben Muajjid el-Muajjidí.

einem Geldgeschenk und einem Briefe in Türkischer Sprache, welchen der Wezir Sinân Pascha durch seinen Secretär für den Scheich Zeid ins Arabische übersetzen liess, woraus er die edlen Gesinnungen des Murâd kennen lernte.

Murâd hat in Jemen schöne Bauwerke errichten lassen, darunter eine Moschee auf der Burg von Çan'â und eine Wasserleitung vom Berge Nakîm her, welche aber schon unter seinem Nachfolger Hasan Pascha wieder verfiel. In Zabîd liess er über dem Grabe der Banu el-Ahdal, zu deren Çufitischen Lehren er sich bekannte, ein grosses Mausoleum erbauen, in welchem zu seiner Zeit der Scheich el-Islâm el-Husein el-Ahdal beigesetzt wurde. Die Belästigungen und Ungerechtigkeiten gegen die Unterthanen suchte er aufzuheben und seine Gerechtigkeitsliebe war in den Bergen allgemein bekannt, und dabei war er doch blutdürstig.

Schon im Gumâdá I. 988 (Juni 1580) war in Constantinopel seine Abberufung beschlossen und Hasan ben Husein zu seinem Nachfolger ernannt; Murâd erwartete dessen Ankunft nicht, sondern verliess Ta'izz am 2. Dsul-Ça'da (9. Dec.) und reiste über Mekka, wo er die Wallfahrtszeit zubrachte, nach Constantinopel. Er erhielt die Verwaltung von Caramân und sollte sich mit dem Grosswezir, der nach Tabrîz reiste, dahin begeben. Bei einem Zusammenstoss mit den Persern wurde er von diesen gefangen genommen und mit den übrigen Gefangenen dem Schah Ismâ'îl vorgeführt, welcher einige umbringen, andere theils mit, theils ohne Ketten ins Gefängniss bringen liess. Als Murâd die Reihe traf vorzutreten, (den Turban vom Kopfe hatte er verloren und so auch seinen Mantel), fragte ihn der Schah: was warst du bei der Armee? er antwortete: ich war Cavallerist سباهى, oder er sagte قبوقولى einer von der Garde. — Das lügst du, du bist einer von ihren Chân; so nennen sie den Pascha; er hatte ihn an den Beinkleidern erkannt, die von Seide waren; er befahl ihm dünne Beinschienen als Fesseln anzulegen und ihn ins Gefängniss abzuführen. Hier gelobte er, wenn er wieder frei und in seine frühere Stellung käme, wolle er für 10000 Goldstücke in liegenden Gründen ein Legat stiften zum Besten der Armen in den beiden heiligen Städten. Nachdem er die Freiheit wieder erhalten hatte, wurde er von dem Sultan Murâd zum Statthalter von Damascus ernannt, hier baute er den sogen. سوق الخلواقية Bogen-Markt, womit gegen das Ende des J. 1002 (Mitte 1591 begonnen wurde; er liess die alten Trink-Buden abbrechen und durch neue ersetzen, die Strasse erweitern, das Dach erhöhen, auf das Quadrat des Post-Thores eine grosse hohe Kuppel aufsetzen, die auf zwei mächtigen Säulen zur Rechten und Linken des Post-Thores ruht, ein schöner, solider Bau; die gegenüberliegenden Häuser wurden niedergerissen und dafür ein schönes Logirhaus aufgeführt (وكالة in Câhira soviel als خان, was man in Damascus قيسارية Verkaufs-Halle nennt), wohin er die Kaufleute vom Soldaten-Markt سوق السباهية überführte und wo sie bis zu seinem Tode logirten; daneben errichtete er einen anderen Marktplatz für die Kaufleute von dem سوق الذراع Ellen-Markt. Der Oberaufseher über den Bau des zuerst genannten Marktes, der Trinkhalle und des Logirhauses war der Scheich Ahmed el-Magribí el-Mâliki, Vorsteher der Omeijaden-Moschee († 1008) und er wurde im J. 1005 beendigt, den Bau des zweiten leitete Hasan Pascha gen. Schûrbezeh († 1027) und der Ertrag aus dem Ganzen wurde den beiden heil. Städten vermacht. Während seiner Verwaltung von Damascus liess er im J. 1002 seinen Schwiegersohn den Emir Mançûr Ibn el-Fureich und den Emir Ali ben Ḥarfûsch umbringen. Hierauf wurde er zum Statthalter von Ḥaleb und Dijârbekr ernannt und betheiligte sich an einem Feldzuge nach Ungarn, worin er sich bei der Eroberung der Festung Agra auszeichnete; dann wurde ihm zweimal die Provinz Rumelien verliehen, er erhielt die Wezirs-Würde und den Befehl Belgrad zu decken. Als der Grosswezir Derwisch Pascha Sonnabend d. 9. Scha'bân 1015 (10. Dec. 1606) getödtet war, wurde Murâd auf dringendes Anrathen des Scheich el-Islâm Çan'allah ben Ga'far († 1021) zum Grosswezir erhoben und er schloss den Frieden zwischen dem Sultan Ahmed und den Christen in Ungarn und kam am Ende des Muḥarram 1016 (April 1607) nach Constantinopel zurück. Im Anfange des Rabí' I. ernannte ihn der Sultan zum Höchstcommandirenden der Ostprovinzen mit dem Auftrage die Ruhe in Anatolien herzustellen; er begab sich nach Ḥaleb und lieferte dem aufständigen Emir Ali Ibn Gânbûlâds mehrere Schlachten, bis er ihn gänzlich in die Flucht schlug. Den Winter brachte er in Ḥaleb zu und brach im Anfange des Frühlings 1017 auf, um gegen Carah Sa'îd, Ibn Calandar und el-Ṭawîl zu Felde zu ziehen. Ibn Calandar hatte die Stadt Brusa in Besitz genommen, in der ganzen Umgegend schrecklich gehaust und im Ramadhân 1016 (Dec. 1607) die meisten Orte eingeäschert; die Angesehensten aus dem Lehr- und Wehrstande waren bei Muçṭafá Pascha, Stellvertreter (*Kaîm-makâm*) des Wezirs, zusammengetreten und übereingekommen, eine Truppe von ausgedienten Soldaten zu sammeln und einige höhere Officiere an die Spitze zu stellen, um sich der Burg von Brusa zu bemächtigen. Dies gelang und nun liess sich Ibn Calandar beikommen, dem Wezir selbst entgegenzutreten; er marschirte gegen Ḥaleb, sie stiessen auf einander und in einem Treffen wurden Ibn Calandar und Carah Sa'îd, die nur einen schlechten Zusammenhang mit einander hatten, geschlagen und der grösste Theil ihres Corps getödtet. — Inzwischen war Ahmed el-Ṭawîl (der lange) in Bagdad aufgestanden, hatte sich der Stadt bemächtigt und wollte über die Einwohner herfallen, indess gelang es dem Statthalter ihn fest zu nehmen und er liess ihn hinrichten. So blieb in Anatolien kein Aufständiger mehr, die Ruhe im Lande war hergestellt und Murâd Pascha hielt im Ramadhân 1017 (Dec. 1608) seinen Einzug in Constantinopel mit grossem Pomp.

In der Mitte des J. 1018 wollte er einen Feldzug gegen die Perser unternehmen und war schon über Üsküdâr hinausgekommen, da besann er sich, dass die Sache nicht gehörig überlegt sei, er gab den Plan auf und kehrte in die Hauptstadt zurück. Erst am 19. Rabî' II. 1020 (1. Juli 1611) kam der Zug nach Persien zur Ausführung; er setzte den Eunuchen Muhammed Pascha el-Kûrgî an seine Stelle und marschirte mit der Armee, bis er an die Gränze von Tabriz kam; aber er war nicht so glücklich auf den Schah zu stossen und erreichte nichts von dem, was er gehofft hatte, sodass er umkehrte. Gleich Anfangs auf dem Rückwege erkrankte er, setzte indess die Reise fort, bis er Dijârbekr erreichte, hier starb er am Abend des 28. Gumâdá I. 1020 (8. Aug. 1611), wurde einbalsamirt nach Constantinopel getragen und in der Gruft beigesetzt, welche er selbst für sich in der hohen Schule, die seinen Namen führt, hatte erbauen lassen. Im Ra'gab kam die Nachricht von seinem Tode nach Damascus, wo sein Verlust allgemein betrauert wurde, weil er fortwährend für das Reich und die Muslim gut gesorgt und die Nichtswürdigen niedergeworfen hatte, welche das Land verwüsteten und durch ihre stolze Überhebung die Bewohner zu Grunde richteten.

§. 5. *Hasan Pascha*[1]).

Hasan ben Husein reiste bald nach seiner im Gumâdá I. 988 (Juni 1580) erfolgten Ernennung zum Statthalter von Jemen aus Constantinopel ab, traf aber erst nach zwei Monaten in Câhira ein; die Ausrüstung eines neuen Heeres hatte hier unterdess stattgefunden, mit welchem er nach anderen zwei Monaten im Ramadhân auf dem Landwege abmarschirte und am letzten Ramadhân (8. Nov.) in Janbu' ankam. Nach einem Besuche in Mekka, der aber nicht bis zu der nahen Wallfahrt ausgedehnt wurde und während dessen er die Truppen nach Gidda hatte vorgehen lassen, begab er sich ebenfalls dahin und fuhr zu Schiff nach dem Hafenorte el-Çalîf. Hier sammelte er um sich die Anführer der Türkischen Besatzungen und die treugebliebenen Arabischen Häuptlinge aus dem Küstenstriche Tihâma, berieth sich mit ihnen über die Lage und Zustände in den Gebirgsgegenden und verstärkte seine Armee durch die Corps, welche sie ihm zuführten. Denn die Prinzen aus dem Hause Mutahhar hatten die Abwesenheit eines Türkischen Statthalters benutzt um sich wieder unabhängig zu machen und das ganze Land in Aufruhr zu bringen, und die befestigten Städte, einzelnen Festungen und Burgen befanden sich damals in den Händen der Scherife: in den Festungen Thulâ, Muda', Nusûr und ihren Gebieten herrschte Ali ben Jahjá ben

1) Über ihn handelt ausführlich die von *Ant. Rutgers* herausgegebene Monographie *Historia Jemanae sub Hasano Pascha*. Lugd. Bat. 1838, welche hier zu vergleichen ist. *Muhibbi* benutzte eine andere Quelle, woraus er das Wesentlichste aushob, wodurch einige Ergänzungen zu jener *Historia* gewonnen werden.

el-Muṭahhar ben Scharaf ed-dîn; in der Festung Dsu Marmar[1]) mit ihrem Gebiete und den Ortschaften von el-Schark Luṭfallah ben Muṭahhar: in der Festung Gifâr und ihrem Gebiete Gauth ed-dîn ben Muṭahhar; in der Festung Mubîn und dem Gebiete von Ḥagga Abd el-rahman ben Muṭahhar; in der Festung Dhafâr und dem Gebiete von el-Ṭâhir Muhammed ben el-Nâçir el-Gauní; in Ça'da und seinem Gebiete Husein ben Ali el-Muajjid, welcher sich noch zur Zeit des Murâd Pascha empört hatte, und in der Festung Kaḥlan mit ihrem Gebiete Hasan ben Scharaf ed-dîn.

Hasan Pascha wird als gerecht, leutselig, klug, wohlthätig und unpartheiisch geschildert, er war den Scherifen gewogen und wollte ihnen Gerechtigkeit wiederfahren lassen und als ein Freund der Familie Muṭahhar glaubte ihm etwas angenehmes zu sagen dadurch dass er sie schlecht machte, entgegnete er: Ich werde an den Verhältnissen der Familie des Gesandten nichts ändern und gehorsam ihrem Ahnherrn sie nicht in die Hölle werfen. Nachdem er am 10. Muḥarram 989 (14. Febr. 1581) in Çan'a eingezogen war[2]), liess er auch hier die einsichtigeren Einwohner zu einer Sitzung zusammenkommen und berieth mit ihnen, wie er die Zustände in Jemen ordnen könne, als er aber einsah, dass die Jemenischen Fürsten sich in offenem Aufstande befanden, erhob er sich zum Kampfe gegen sie, und wir wollen von seinen Eroberungen das Wesentlichste kurz erwähnen.

Nachdem Hasan zum Oberbefehlshaber der Truppen als seinen Stellvertreter den Emir Sinân ernannt hatte, eroberte er im J. 989 die Festung Dhafâr und nahm den Besitzer derselben Muhammed ben el-Nâçir el-Gauní gefangen. Die Festung Muda' wurde im Çafar erstürmt und im Dsul-Ca'da ergab sie die Festung Dsu Marmar und der Inhaber derselben Luṭfallah ben Muṭahhar überlieferte sich den Händen des Siegers. Ça'da mit seinem Gebiete wurde im J. 991 eingenommen, wobei der Prinz Ahmed ben Husein el-Muajjidí das Leben verlor. Der

1) Auch als ein Wort Dsamarmar geschrieben.

2) Nach der *Historia Jemanae* erst am 27. Gumâdá I. (29. Juni).

Fakih Abdallah ben Mu'âfá lieferte die Festung el-Sûda der Botmässigkeit des Sultans aus, erhielt zur Belohnung die grossherrliche Fahne und wurde wieder in die Regierung eingesetzt, und seine Nachkommen sind zur Zeit im J. 92[1] noch im Besitz. Die Festung Thulâ wurde im Gumâdá II. 993 (Juni 1585) eingenommen und Ali ben Jaḥjá ben Muṭahhar ergab sich in die Hände des Pascha. Hasan ben Ali el-Muajjidí wurde gefangen genommen und sein Land, ein Theil von el-Çâb im Gebirge Ahnûm, in der Mitte des Ramadhân des Jahres erobert; seit seiner Empörung Mitte Ramadhân 986 waren genau sieben Jahre verflossen und Sinân kam mit ihm am letzten Ramadhân zu dem Wezir, welcher ihn in Gewahrsam nahm. — Die Festung Gifâr war im Monat Rabí' I. desselben Jahres gefallen und ihr Besitzer Gauth ed-dîn ben Muṭahhar hatte sich ergeben, der übrige Theil des Landes el-Çâb wurde auch noch im J. 993 erobert. Hasan machte die Söhne des Muṭahhar zu Gefangenen, weil sie ungeachtet des Versprechens des Gehorsams nicht aufhörten Unruhen anzustiften, und schickte sie unter der Bedeckung des Emir Sinân Montag (?) den 15. Schawwâl 993 (8. Nov. 1585) nach Mocha, nämlich den Imâm el-Hasan ben Ali el-Muajjidí, Ali ben Jaḥjá, Luṭfallah, Gauth ed-dîn, Ḥifdhallah und Muhammed Ibn el-Hâdí, sämmtlich aus der Familie Muṭahhar. Im Dsul-Ca'da fuhren sie zu Schiff nach Constantinopel ab, während Sinân nach Çan'â zurückkehrte, und sie starben dort einer nach dem anderen, der Imâm el-Hasan erst im Ragab 1024 (Aug. 1615).

Um das Gebiet von Jâfi' zu erobern, stellte Hasan Pascha den Emir Sinân wieder als Anführer an die Spitze der Truppen, welcher in dem mittleren Zehnt des Dsul-Ca'da 996 (Anfangs Oct. 1588) in dieses Land eindrang. Hasan selbst hörte nicht auf, die Gegner unablässig (früh und spät) anzugreifen und es fanden zwischen ihnen wohl hundert Treffen statt, in denen mit abwechselndem Erfolge gekämpft wurde, bis er einen vollständigen Sieg davon getragen und im J. 997 das ganze Land von Jâfi' eingenommen hatte.

———————

1) Dies kann nicht etwa das J. 992 bezeichnen sollen, da die Nachrichten weiter reichen, sondern das J. 1092, in welchem *Muḥibbi* sein Werk schrieb.

Nachdem endlich auch die Festungen Aḥwar und el-Gurâb erobert waren, kehrte Hasan Pascha im Scha'bân 999 (Juni 1591) wohlbehalten und mit Beute beladen (nach Ç'an'â) zurück und da ganz Jemen unterworfen, die Aufstände unterdrückt und die Gemüther beruhigt waren, schien ihm seine Armee zu gross und er fing an, sie zu verringern. Die bisher in Jemen regierende Familie der Scherîfe war durch die Entfernung ihrer Häupter machtlos geworden, jetzt erhob sich aber aus einer anderen Familie der Nachkommen des Propheten der Häuptling el-Câsim ben Muhammed ben Ali am 27. Muḥarram 1006 (9. Sept. 1597) in el-Schark[1]; er masste sich das Imamat an, der grösste Theil der Gebirgsbewohner von Jemen kam überein ihm zu gehorchen und beeilte sich seinem Rufe zu folgen, sodass die Flamme des Aufruhrs wieder aufloderte. Der Wezir kam in eine bedrängte Lage, da die Anhänger des Imâm gegen Çan'â vorrückten und auch die näher und hoch gelegenen Ortschaften gegen ihn aufstanden und die Feindseligkeiten begannen. Nur der Emir Schams ed-dîn Ahmed Beg ben Muhammed Beg ben Schams ed-dîn ben Scharaf ed-dîn, der in Kaukabân residirte, blieb ihm treu und bewahrte die Anhänglichkeit an den Sultan, welche schon sein Vater dem Emir Muhammed bewiesen hatte, wesshalb er von Sinân Pascha (dem älteren) in seiner Herrschaft belassen war. Der Emir Schams ed-din strengte alle Kräfte an und liess es sich Geld kosten um sich gegen seine eigenen Landsleute zu vertheidigen, bis er einen grossen Sieg erfocht, wobei ihn seine beiden Söhne Emir Ahmed und Emir Ismâ'îl unterstützten, denen sich der Emir Gamâl ed-dîn Ali ben Schams ed-dîn mit seinen beiden Söhnen Wagîh ed-dîn und Abd el-rabb angeschlossen hatte. Hasan Pascha machte sich auf, sammelte die Mannschaft von el-Nagda, vertheilte Geld unter sie und stellte seinen Stellvertreter Emir Sinân an die Spitze der Truppen; zugleich rief er den Statthalter von Habessinien Ali Pascha el-

1) Von hier an läuft die Erzählung mit der Geschichte der Imame (§. 12 fgg.) parallel bis um die Mitte des Jahrhunderts, sie ergänzen sich gegenseitig, nur habe ich die in den Biographien der einzelnen Personen mehrmals wörtlich vorkommenden Wiederholungen ausgelassen.

Gazāīrī zu Hülfe, welcher bald nach seinem Erscheinen die Aufstände in dem unteren Jemen unterdrückte und sich dann nach dem Gebiete von Banawa wandte, wo er bei Thulâ im J. 1008 den Heldentod fand, wonach der Wezir Hasan Pascha dessen Truppen mit den seinigen vereinigte und die von ihm hinterlassen Schätze für sich behielt.

Der Emir Sinân war unterdess nach Kaukabân gezogen und hatte sich mit dem Emir Ahmed ben Schams ed-dîn vereinigt und sie eroberten ganz Kaukabân zurück, welches von den Anhängern des Imâm in Besitz genommen war. Der General wandte sich dann nach den übrigen Gebieten, eroberte Thulâ mit seiner Festung, das Gebiet von 'Omrân, die Festungen Muda' und Gifâr und die im Gebiete el-Ṭâhir, ferner die Gebiete Ḥadhûr, el-Ḥimja, Sinḥân, Magrib Anis, Dsamâr, Jarîm[1], die Berggegend el-Lûz und das Gebiet Chaulân. Hierauf machte er einen erneuten Einfall in das Gebiet el-Ṭâhir und setzte sich in den beiden Städten Chamir und el-Çarâra fest, welche im Mittelpunkte der Zeiditen liegen. Hier kam zu ihm der Emir Abd el-rahîm ben Abd el-rahman ben el-Muṭahhar, welcher auf der Seite des Sultans stand und desshalb von dem Imâm el-Câsim in der Festung Mubîn im Gebiete Ḥag̃ga eingeschlossen war: der Imâm hatte sein Land in Besitz genommen und mit dem Emir einen Vertrag geschlossen, wonach er die Festung Mubîn übergab und sich verpflichtete, gegen die Truppen des Sultans zu marschiren. Er ging aber von dem Imâm gerades Weges zu dem Türkischen Obercommandanten, mit dessen Unterstützung er Ḥag̃ga wieder eroberte. Da sich der Wezir Hasan Pascha hierdurch von seinen aufrichtigen Gesinnungen für die Sache des Sultans überzeugte, bestätigte er ihn in dem Besitze von Ḥag̃ga und verlieh ihm el-Schark dazu und er hatte sich noch vieler anderen Gunstbezeigungen zu erfreuen. Aber er blieb nicht fest in seiner Treue und lehnte sich zuletzt doch wieder auf, und wir werden weiterhin erzählen, welche Wendung die Sache mit ihm nahm.

Der Imâm el-Câsim bemächtigte sich auch des Gebietes von Ça'da;

---

1) So ist unzweifelhaft zu lesen anstatt Tarim, welches in Ḥadhramaut liegt.

der Emir Muçtafá rüstete sich um ihn nachdrücklich anzugreifen, erlag aber seinem Schicksale, worauf der Emir Muhammed el-Kurdí an seine Stelle trat, welcher zunächst mit dem Emir Muhammed el-Muajjid Frieden schloss, wonach er das Land besetzte und es ihm dann als einen Türkischen District überwies: und dieser Emir erhielt noch solche Vergünstigungen, dass seinen Verwandten, die desshalb feindlich gegen ihn gesinnt waren, der Muth verging. Dies geschah im J. 1007 (1598), die Macht des Imâm el-Câsim war gebrochen, in seiner Gewalt blieb nichts mehr als die Festung Schahâra im Gebirge el-Ahnûm, worin er sich verschanzte und von dem Emir Sinân eingeschlossen wurde. Er verliess die Festung in einer Verkleidung, ohne dass jemand darum wusste, und entfloh, während sein Sohn Muhammed zurückblieb; da aber dessen Lage immer bedrängter wurde, bat er im J. 1016 um Frieden unter der Bedingung, dass er seinen Aufenthalt bei dem Fürsten von Kaukabân nehmen wolle. In diese Periode wird folgende historische Nachricht zu setzen sein. Eine Familie aus dem altarabischen Stamme der Banu Abd el-Madân hatte von jeher in einer Gegend des nördlichen Jemen ein fürstliches Ansehen behauptet und lort unabhängig regiert; der damalige Emir Abdallah ben el-Mu'âfá hatte mit den Türken Frieden gehalten, war von ihnen anerkannt und beherrschte ein grosses Gebiet, welches sich bis nach el-Ahnûm, Wâdi'a und 'Udsrîn ausdehnte. Wiewohl er dadurch etwas anmassend geworden war und in seiner Stellung zu dem Imâm el-Câsim sich über die Gebühr erhoben hatte, stand er mit ihm doch noch in persönlichem Verkehr. Bei einer Zusammenkunft beider schlich sich ein gemeiner Araber, welcher ganz auf der Seite der Türken stand, mit einer Chaṭṭischen Lanze heran, schwang sie im Rücken des Imâm und hatte die Absicht ihn treuloserweise von hinten zu durchbohren: der Emir Abdallah, welcher ihm gegenüber sass, griff sich in seinen Bart um anzudeuten, dass ein Verrath hier unerlaubt sei und er den nicht tödten dürfe, unter dessen Schutze er sich augenblicklich befand. So hinderte er die Ermordung, sie setzten ihre Unterhaltung fort und der Emir stellte dem Imâm vor, dass die Türken sein Land bereits ringsum eingeschlossen hätten, und gab ihm den Rath durch einen

Rückzug der Gefangennahme zuvorzukommen, er liess ihn dann noch durch einige Leute, auf die er sich verlassen konnte, begleiten, bis er aus dem Gebiete von el-Sûda entkommen war. Einer von den Dienern des Imâms, den er gern um sich hatte, war Zeuge jenes Vorganges gewesen und erzählte ihn nachher seinem Herrn. Später nun, als der Emir sich ganz mit den Türken verbündet hatte und gegen den Imâm kämpfte, fiel er in der Schlacht bei Gârib Eika, und als sein Kopf dem Imâm überbracht wurde, sagte er: Ich wollte, ihr hättet ihn gefangen gebracht, damit ich ihm hätte vergelten können, was er an mir gethan hat.

Schon viel früher war Hasan Pascha nach einem so langen Aufenthalte in Jemen in ehrenvoller Weise abberufen und er traf am 21. Çafar 1013 (19. Juli 1604) in Constantinopel ein, wo er am 16. Ragab 1016 (6. Nov. 1607) gestorben ist.

§. 6. *Sinân Pascha.*

Sinân Pascha, der General des Hasan Pascha, wurde an dessen Stelle zum Wezir und Statthalter ernannt. Nachdem er in Jemen die Ruhe einigermassen hergestellt und den Beduinen Scheich Ali ben Falûḥ unterworfen hatte, rüstete er sich aufs neue um die Ṭarakât einzuschüchtern; dies war ein Stamm, welcher die weite Länderstrecke zwischen Dsamâr und Sinḥân eine Tagereise von Çan'â bewohnte. Er schickte ein zahlreiches Heer gegen sie und zerstreute sie nach allen Richtungen, bis sie sich unterwarfen und um Frieden baten mit dem Versprechen sich ruhig zu verhalten, da verzieh er ihnen. Später bemächtigte sich der Imâm el-Câsim wieder des Gebietes el-Schark von Baradh bis Wâdi'a, bis nach el-Ṭâhir; es hatte zwischen ihm und dem Emir Abd el-rahim ben Abd el-rahman ben el-Muṭahhar ein schriftlicher Verkehr stattgefunden, sie hatten verabredet, dass sie gemeinschaftliche Sache machen und den Krieg gegen die Regierung des Sultans wieder beginnen wollten, und der Imâm überrumpelte[1]), wie er es auch schon

1) ووثبه الامام على. In der gleichlautenden Stelle im Leben das Imâm el-Câsim steht dafür وثب الامام الرسايل على und der Imâm verbreitete Sendschreiben, —, unter die

früher gethan hatte, die übrigen Stämme, sie entsprachen seinem Verlangen sich ihm anzuschliessen, und der Krieg brach mit aller Heftigkeit wieder aus. Der Wezir Sinân Pascha sandte ein Observations-Corps gegen Abd el-rahîm, welches ihn eingeschlossen hielt, sodass er selbst den Kampf gegen el-Câsim beständig führen konnte, bis dessen Kräfte so sehr geschwächt waren, dass er nicht mehr im Stande war sich gegen die ihm gegenüberstehende Macht zu behaupten; er liess desshalb den grössten Theil seiner Truppen zu denen des Abd el-rahîm stossen, die dadurch verstärkt wurden, während er selbst zu ermatten anfing und fast erlegen wäre. Da, als er sah, dass die Gegner vollauf mit Abd el-rahîm beschäftigt waren, gelang es ihm die Festung Schahâra zu erreichen, wo er blieb, während die Türken Abd el-rahîm eingeschlossen hielten.

Zu der Zeit kam die Nachricht, dass der Sultan ganz Jemen dem Wezir Ga'far Pascha, bisher Statthalter von Habessinien, verliehen habe. Der Wezir Sinân verliess Çan'â im Ragab 1016 um sich nach der hohen Pforte zu begeben; er hatte gewünscht noch mit Ga'far, der sich in Ta'izz aufhielt, zusammenzutreffen, indess wurden allerlei Gerüchte verbreitet, wodurch Ga'far eingeschüchtert und veranlasst werden sollte einer solchen Begegnung auszuweichen, und da die Emire merkten, dass dies Eindruck auf ihn gemacht hatte, zwangen sie Sinân Pascha seitwärts auf dem beschwerlichsten Wege vorüberzuziehen, und als er nach der Hafenstadt Mocha kam, starb er am 5. Scha'bân (25. Nov. 1607) und wurde an der Seite des Scheich Cutb ed-dîn Ali ben Omar el-Schâdsalí el-Cureischí begraben. Er war ein Freund der Gelehrten, der Armen und der Frommen, wohlthätig und freigebig, aber dabei blutdürstig, sodass ein Dichter von ihm sagte:

Des Fürsten Sinân Lanze und seine Finger
stritten unter einander um das unaufhörlich vergossene Blut.

Seine Tage vergingen unter Empörungen, aber die Denkmäler seiner guten Werke sind so zahlreich, dass man sie nicht alle beschreiben kann. Merkwürdiger Weise starb Hasan Pascha im Ragab und Sinân Pascha im Scha'bân desselben Jahres, jeder von beiden hatte gegen 28

Jahre das Regiment in Jemen geführt und ihre Tage waren die Blüthezeit von Jemen. Als Ga'far Pascha die Nachricht von dem Tode des Sinân Pascha erhielt, schickte er seinen Vertreter Omar ab, um dessen Schätze in Beschlag zu nehmen, er kam nach Mocha und nahm sie in Besitz.

§. 7. *Ga'far Pascha.*

Ga'far Pascha hatte eine wissenschaftliche Bildung erhalten und es soweit gebracht, dass er in Mekka mit Abd el-câdir ben Muhammed el-Tabarí, dem Vater des Geschichtschreibers der Ka'ba Ali el-Tabarí (G 572) in seiner Jugend über Coranerklärung und die verschiedenen Lesarten desselben, über Traditionen und Rhetorik Disputationen gehalten hatte. Er war bis zum Statthalter von Habessinien emporgestiegen, wurde dann von dem Sultan Ahmed ben Muhammed zum Statthalter von Jemen ernannt, landete am 19. Rabi' II. 1016 (13. Aug. 1607) in dem Hafen el-Çalif und hielt am 24. Schawwâl (11. Febr. 1608) seinen Einzug in Çan'â. Bei aller Gelehrsamkeit und sonstigen guten Eigenschaften war er ruhmsüchtig und anmassend, wer ihn aber im geselligen Umgange und in seiner fröhlichen Laune näher kennen lernte, fühlte sich zu ihm hingezogen, und wenn er sich zuletzt des vielen Blutvergiessens in Jemen enthalten hätte, würde er die Herzen aller gewonnen haben. Hierin war er freilich zu entschuldigen, denn als er nach Çan'â kam, war die Lage des Landes sehr misslich, er sah, dass der Imâm el-Câsim durch die Unterstützung von Abd el-rahim sich wieder verstärkt hatte, woran noch Sinân Pascha durch seine Strenge schuld gewesen war. Er suchte also den Imâm durch Güte zu beruhigen und am 24. Dsul-Higga (10. April) wurde ein Friedensvertrag geschlossen, wonach die Gebiete von Ahnûm, 'Adw. Caçamât, Wâdi'a und Baradh dem Imâm überlassen wurden, welcher ausserdem die Bedingung machte, dass seine Söhne und deren مكالف Hausgenossen und Anhänger aus der Festung Kaukabân freien Abzug haben sollten. Der Wezir liess sie frei, beschenkte sie noch obendrein, besonders den Sohn Muhammed, und liess dann seine Truppen gegen Abd el-rahim marschiren, welchen el-Câsim jetzt im Stiche liess, sodass er im Ramadhân 1018 (Dec. 1610) gefangen genommen und nach Constantinopel geschickt wurde. Seine beiden Brüder die Emire Ahmed und Muhammed kamen zu Ǵa'far Pascha, er empfing sie ehrenvoll und beschenkte sie mit zwei Fahnen und Geld, und eroberte dann Ḥaǵǵa und el-Scharaf mit ihren Ortschaften und Festungen, ebenso Banawa und Waçâb, und fing an die Ordnung im Lande herzustellen.

Während er so zur allgemeinen Zufriedenheit regierte, traf die Nachricht ein, dass er seiner Stelle enthoben und der Wezir **Ibrâhîm** zum Statthalter von Jemen ernannt sei, und Ga'far verliess am 11. Rabî' II. 1022 (31. Mai 1613) Çan'â um sich nach Constantinopel zu begeben. Der Wezir Ibrâhîm war bereits am letzten Çafar 1022 (20. März 1613) in dem Hafen el-Çalîf gelandet und am folgenden Tage ans Land gestiegen und er brach dann von Zabîd[1]) nach Çan'â auf. Der Emir Abdallah, General des Ǵa'far, ging ihm entgegen und vereinigte sich mit ihm, indem er sich nicht scheute, die schuldige Hochachtung gegen seinen früheren Gebieter und Wohlthäter aus den Augen zu setzen, noch fürchtete, sich dessen Missfallen zuzuziehen. Ibrâhîm stellte ihn an die Spitze einer zahlreichen Armee und übertrug ihm zugleich das Commando über die noch in Çan'â befindlichen Truppen mit dem Befehl ihm dahin voran zu marschiren. Er that dies und Ibrâhîm folgte ihm; als er nach Dsamâr[2]) kam, erkrankte er und eine Tagereise weiter in Mankada starb er; die Ursache seines Todes wird verschieden angegeben, er erfolgte Montag d. 25. Ǵumâdá II. (13. Juli).

Der Wezir Ǵa'far war unterdess auf einem anderen Wege bis Zabîd gekommen, wo er sich eine Zeit lang aufhielt um noch einiges zu besorgen, was er für die Reise nöthig hatte. Auf die Nachricht von dem

1) Im Texte steht Jemen für die Hauptstadt Zabîd, wie meistens Miçr für Câhira, Schâm für Damascus, Rûm für Constantinopel von Muḥibbí gebraucht ist.

2) Gedruckt ist زمار; es kann nicht auffallen, dass die Hauptstrasse von Zabid nach Çan'â diesen Umweg nahm, da eine directe Linie durch unwegsame Gebirge führte, die mit einer Armee nicht zu passiren, auch wohl von feindlichen Stämmen bewohnt war.

Tode seines Nachfolgers kehrte er gerades Weges nach Çan'â zurück. Die in der Stadt Dsamâr versammelten höheren Würdenträger, die sich von dem Emir Abdallah getrennt hatten, und die Häuptlinge des Districtes schickten ihrer Sicherheit wegen zu Ga'far, weil er Wezir war, bis der Sultan seine Entscheidung würde kundgegeben haben. Als Abdallah erfuhr, dass der Wezir Ga'far zurückgekehrt sei, wurde er ängstlich wegen seiner voreiligen Unbedachtsamkeit und machte sich Gedanken; er liess die Emire und Soldaten, die mit ihm in gleicher Lage waren, zusammenkommen, sie äusserten sich in verschiedener, oft ganz entgegengesetzter Meinung über das, was zu thun sei. Abdallah machte ihnen Versprechungen und Hoffnungen, wodurch er die änglichen unter ihnen zum Ausharren bewog und die übrigen Truppen sagten ihm ihre Unterstützung zu, nur einige missbilligten ihr Vorhaben, sich Ga'far nicht anschliessen zu wollen. Abdallah hingegen gab sich den Schein, als nähme er die Sache leicht. Ga'far schickte ihm bei seiner Ankunft in Dsamâr einen Brief, worin er ihm nicht nur sein Benehmen verzieh, sondern sich sogar entschuldigte, dass die Truppen gegen seinen Willen ihn veranlasst hätten, seine frühere Stelle wieder einzunehmen, und ihn ersuchte sich mit ihm zu vereinigen. Nachdem mehrere Abgeordnete hin und her gegangen waren, trat Abdallah mit seiner Partei nur noch feindseliger auf. der Wezir stellte desshalb seinen Vertreter den Emir Ḥeidar als General an die Spitze der Truppen und schickte sie gegen die Widerspenstigen ab. Dadurch wurde eine grosse Zahl derselben nach einer Berathung veranlasst zu desertiren und zu dem General überzugehen; gegen die übrigen, welche sich zur Wehre setzten, rückte der General vor und schlug sie in die Flucht, und sobald Abdallah dies erfuhr, schloss er sich in die Festung von Çan'â ein. Der General zog heran, lagerte bei Ḥamrâ 'llb in der Nähe von Çan'â und schickte zu den Emiren in der Festung und liess sie in Güte zu sich einladen; sie liessen um Pardon bitten, der ihnen gewährt wurde, und kamen dann zu ihm nach Ḥamrâ 'llb, und dem Emir Abdallah blieb nichts anderes übrig als ebenfalls zu ihm hinunter zu gehen. Als er erschien, liess der General die gemeinen Soldaten desselben zu sich bescheiden, und da sie noch lange widerspenstige Reden führten, schlug er, um einen Aufstand im Keime zu ersticken, dem Emir den Kopf ab, wodurch die Flammen des Aufruhrs gedämpft wurden. Dies geschah im Anfange des Scha'bân 1022 und der Wezir Ga'far kam am 24. des Monats (9. Oct. 1613) nach Çan'â und nahm sein Quartier in dem Park gegenüber dem باب السبى Thore el-Sabj; die Fasten des Ramadhân hielt er in dem Schlosse von Çan'â. Alle diejenigen, welche an der Entstehung des Aufruhrs sich betheiligt, den Emir Abdallah unterstützt und jetzt sich nicht unterworfen hatten, wurden verfolgt und bis auf den letzten hingerichtet.

Die Zeit dieser Unruhen hatte der Imâm el-Câsim benutzt um überall Beute zu machen und er hatte seine Hand nach dem grössten Theile der südlichen und westlichen Gebiete ausgestreckt und seine Macht vergrössert. Der Wezir Ga'far sammelte nun ein Heer und stellte Heidar als General an die Spitze, dieser marschirte ab, schlug den Prinzen Hasan ben el-Câsim bei 'Orrat el-Uschmûr, nahm ihn gefangen und schickte ihn dem Wezir zu. Hiernach entstand ein hartnäckiger Kampf, welcher mit wechselndem Glück geführt wurde und für beide Parteien an verschiedenen Orten grosse Verluste an Mannschaft herbeiführte, und erst als der Prinz Ali ben el-Câsim fiel, wurde dem Blutvergiessen ein Ende gemacht und die Kriegsflamme auf beiden Seiten gedämpft.

Inzwischen war die Nachricht eingetroffen, dass der Wezir Ḥaggî Muhammed Pascha zum Statthalter von Jemen ernannt sei, es kam desshalb zwischen Ga'far und el-Câsim ein Waffenstillstand zu Stande unter der Bedingung, dass jeder von beiden die Gebiete, welche er augenblicklich im Besitz habe, behalten und Muhammed Pascha die Wahl haben solle, ob er den Frieden zum Abschluss bringen wolle oder nicht. — Der Wezir Ga'far verliess Çan'â am 29. Scha'bân 1025 (11. Sept. 1616) um sich nach Constantinopel zu begeben; der Anfang seiner Regierung war Krieg und Sieg gewesen, die Mitte Friede und Ruhe, das Ende Krieg und Aufruhr, Trübsal und Hass. Er kam, nachdem er sich einige Zeit in Ägypten aufgehalten hatte, Donnerstag d. 14.

Ǵumâdá I. 1027 (9. Mai 1618) nach Damascus, wo ihn der Geschichtschreiber el-Nagm el-Gazzí (G. 569) kennen lernte; er beschreibt ihn als einen sehr gelehrten und gebildeten Mann, welcher fliessend Arabisch sprach, die Erklärung des Coran verstand und die Lehrmeinungen der verschiedenen Secten kannte und mit vernünftigen Beweisen zu widerlegen wusste und ein entschiedener Gegner der Mu'taziliten, Râfiditen und Zeiditen war. Von Damascus reiste er mit dem Ober-Cadhi von Câhira Muhammed el-Scharîf Sonnabend d. 11. oder 12. Rağab[1]) nach Constantinopel und kehrte gegen das Ende des Jahres nach Damascus zurück um sich nach Ägypten zu begeben, wo er zum Statthalter ernannt war. Er trat dort seine Stelle am Mittwoch (?) den 9. Rabî' I. 1028 an und wurde Sonntag d. 23. Scha'bân desselben Jahres entlassen, sodass er nur fünf Monate und vierzehn Tage im Amte war. Zu seiner Zeit herrschte eine grosse Sterblichkeit, die gegen das Ende des Rabî' II. 1028 anfing und gegen das Ende des Ǵumâdá II. desselben Jahres[2]) aufhörte. Die Männer schenkten ihre Habe ihren Kindern oder Vätern und wer solche nicht hatte, vermachte sie mit fröhlichem Gesicht seinen Verwandten, denn die meisten, welche starben, waren zwischen 15 und 25 Jahre alt: die Zahl derjenigen, welche in den Schenkbuden starben, deren Namen Tag für Tag aufgeschrieben und gezählt wurden, belief sich von Anfang bis zu Ende auf 135,000 ausser den übrigen. Ǵa'far Pascha starb gegen das Ende der Epidemie.

Ein gleichnamiger Wezir Ǵa'far Pascha war im J. 1062 (1652) Anführer der Reiterei in Damascus und zu seiner Zeit brach dort ebenfalls eine Pest aus, wie sie in ähnlicher Weise in der Menge der Opfer nicht vorgekommen ist, denn die Zahl der Leichen betrug in Damascus Tag für Tag über Tausend und sie dauerte sechs Monate.

§. 8. *Muhammed Pascha.*

Muhammed war unter Hasan Pascha in Ägypten dessen Secretär im Diwan und Rechnungsführer gewesen und hatte sich durch seine

---

1) Der Sonnabend fiel in dieser Woche auf den 14. Rağab.

2) Es muss heissen: »des folgenden Jahres«, wenn die übrigen Zeitangaben stimmen sollten.

Einsicht, Kenntniss aller Verhältnisse und Ausdauer in den schwierigsten Lagen so ausgezeichnet, dass er nach Hasans Versetzung nach Jemen selbst zu dessen Nachfolger als Wezir und Statthalter von Ägypten ernannt war. Der Sultan Ahmed ben Muhammed machte ihn zum Statthalter von Jemen und dieser äusserte damals: Niemand kennt die Verhältnisse der Bewohner von Jemen besser als ich. Er landete im Scha'bân 1025 (Aug. 1616) in dem Hafen von el-Buk'a und zog im Çafar 1026 (Febr. 1617) in Çan'â ein. Er erkannte den von seinem Vorgänger abgeschlossenen Frieden nicht an, sondern folgte dem Rathe derer, welche aus längerer Erfahrung urtheilten, dass die Sache in Jemen nicht zur Ruhe kommen würde, bis er die Häupter der Stämme sich unterworfen hätte. Desshalb nahm er den Krieg wieder auf, verfuhr mit grosser Strenge, drohte und sagte: entweder herrschen, oder untergehen. Es dauerte indess nicht lange, da belästigten ihn seine eigenen Truppen durch die Forderung eines höheren Soldes und besonderer Geschenke, wogegen sie ihre Widersetzlichkeit aufgeben wollten. Er stand aber auf festen Füssen, hatte einen starren Willen und gab nicht nach, ungeachtet ein anderer ungünstiger Umstand, der gänzliche Mangel an Regen, hinzutrat, welcher im ganzen Lande herrschte, wodurch die Lebensmittel vertheuert und die Soldaten um so eher veranlasst wurden, ihre übertriebenen Forderungen noch zu steigern und ein über das andere Mal zu wiederholen. Endlich, als beide kriegführende Parteien ermatteten, schloss der Wezir mit dem Imâm el-Câsim Frieden unter den früheren Bedingungen des augenblicklichen Besitzstandes, und nachdem die Gränzen der Districte festgestellt waren, wurde im Gumâdá I. 1028 (Apr. 1619) der Friedensvertrag durch den Emir Ali ben el-Mutahhar und el-Schuwei' Muhammed ben Abdallah unterzeichnet.

Der Imâm el-Câsim starb Dienstag d. 15. Rabî' I. 1029 (19. Febr. 1620) und sein Sohn Muhammed, welcher ihm in der Regierung folgte, erneuerte den Vertrag in derselben Weise ohne Zusatz und ohne Weglassung. Die durch den Regenmangel entstandene Theuerung dauerte fort, sodass eine Kamellast Weizen d. i. 30 قدح *kadah* in Çan'â für 40 حرف verkauft wurde, ein Hühnerei kostete einen بقاجة d. i. einen كبير

im Werthe von zwei Othmanis. Die Regierung des Wezirs Muhammed Pascha begann mit Krieg und Aufruhr und endete mit Plünderung und Elend, und doch hat er grossartige Bauten unternommen: in der Restauration der grossherrlichen Burgen hat ihn keiner übertroffen, in Çan'â hat er eine Moschee erbauen lassen und sonstige Anstalten zu wohlthätigen Zwecken gegründet.

Bei der Nachricht von seiner Absetzung und der Ernennung des Wezirs Fadhlallah Pascha zum Statthalter von Jemen verliess Muhammed Pascha Çan'â am 1. Çafar 1031 (16. Dec. 1621); er erinnerte sich seiner früheren Äusserung und sagte nun bei seinem Weggange: Ich glaubte, als ich herkam, dass Niemand die Zustände in Jemen besser kenne als ich, jetzt, da ich gehe, weiss ich, dass ich nichts davon verstehe und nicht über die Kraft einer Fingerspitze richtig urtheilen kann. Als er erfuhr, dass Fadhlallah angekommen sei, beschleunigte er seine Reise, wodurch aber die getroffenen Dispositionen, wonach sie sich unterwegs nicht begegnen wollten, gestört wurden, und sie schlugen in der Nähe von Zabîd dicht neben einander ihre Zelte auf; Fadhlallah schickte einige Soldaten mit einem Officiere zu ihm hinüber, welche ihn und seine Kinder mit Kugeln beschossen, sodass eine seiner Frauen sich selbst über ihr Kind warf aus Furcht, dass es von den Kugeln getroffen werden könnte. Muhammed kam dann am 1. Scha'bân (11. Juni 1622) nach Mekka, hielt hier das Fasten des Ramadhân, vertheilte Almosen und that viele andere gute Werke. Er hatte in seinem Schiffe einen kleinen Elephanten mitgebracht, welchen er dem Sultan als Geschenk mitnehmen wollte, aber noch in Gidda zurückgelassen hatte, da traf die Nachricht von der am 8. Ra'gab 1031 (19. Mai 1622) erfolgten Ermordung des Sultans Othmân ein und der Wezir selbst starb in der Nacht des 27. Schawwâl (4. Sept.), wurde am Thore el-Ma'lât begraben und über ihm ein Monument errichtet.

Bald darauf traf der Elephant in Mekka ein und zu gleicher Zeit entstand eine schwere Theurung. In diesem Jahrhundert hatte im J. 1009 (1600) in Mekka schon eine Theurung stattgefunden, die zum Sprüchwort geworden war, der Ägyptische Irdabb Getreide stieg auf 18 Dinare, das wäre soviel als ein Syrischer Sack zu 72 Dinaren, denn ein Ägyptischer Irdabb ist der vierte Theil eines Syrischen

Sackes. Die Theurung dauerte indess nur etwa drei Monate, jedoch hatten die Leute Hunde- und Katzenfleisch essen müssen, die Armen nahmen Blut, setzten es in einem Topfe aufs Feuer und bereiteten sich daraus ein Essen. Auch im J. 1037 (1628) entstand eine grosse Theurung in Mekka, die bis zum folgenden Jahre fortwährend zunahm, ein Keila Hirse hielt sich auf der Höhe von elf محلق Moḥallak, und in dem Jahre, in welchem *Muḥibbi* seine Biographien abfasste (1096), war eine Theurung und es herrschte mehrere Monate eine besondere Krankheit, in welcher die edleren inneren Theile wie Feuer brannten und die Leute bei übermässiger Anstrengung blöde Augen bekamen; man schob dies im Allgemeinen nur auf den Genuss gewisser Arten von Körnerfrüchten, auf die Butter und andere Speisen.

§. 9. *Fadhlallah Pascha.*

Der Wezir Fadhlallah Pascha, der neue Statthalter von Jemen, landete in dem Hafen el-Çalif am 2. Rabi' I. 1031 (15. Jan. 1622) und hielt seinen Einzug in Çan'â im Ragab (Mai). In dem Friedensvertrage mit Muhammed Pascha war keine Bestimmung über den Prinzen Hasan den Sohn des Imâm el-Câsim enthalten, welcher in Çan'a in schwerem Verwahrsam gefangen gehalten wurde, aber gleich nach dem Abschlusse des Friedens hatte ihm Muhammed Pascha die Ketten abnehmen und ihn in das gewöhnliche Correctionshaus bringen lassen und so hatte ihn der von Fadhlallah voraufgesandte Verwalter übernommen; Hasan wusste aber eine List zu gebrauchen und bei einer passenden Gelegenheit, als die Wächter nachlässig waren, unter einer Verkleidung zu entkommen. Sobald Fadhlallah in Çan'â eintraf und dies erfuhr, liess er den Aufseher des Correctionshauses ans Kreuz schlagen.

Mit der äusseren Raschheit in seinen Bewegungen verband der Wezir eine innere Entschlossenheit und feine Berechnung, er war gottesfürchtig, ein Beschützer der Frommen, wohlthätig gegen die Gelehrten und Armen, er machte bei Nacht selbst die Runde um die Wohnungen der Angesehenen und sorgte für ihre Sicherheit. In Bezug auf die Gebete in den Moscheen war er sehr streng, wer zu spät kam, wurde bestraft, und er erliess an alle Präfecten den Befehl allen Bekennern des Islâm den fleissigen Besuch der Moscheen einzuschärfen, sodass zu seiner Zeit die Moscheen auch wirklich viel besucht wurden; er selbst ging zu Fuss eiligen Schrittes zu den Gebeten. Das Wort »Wein« kam in Vergessenheit. Während seiner Regierung wuchs alles in Fülle, da der Regen reichlich fiel, das Getreide war billig und die Wege sicher.

Als die Nachricht kam, dass der Wezir Ḥeidar Pascha zum Statthalter von Jemen ernannt sei, brach Fadhlallah sogleich auf und verliess Çan'â am 21. Rabí' II. 1032 (22. Febr. 1623) sieben Monat vor der Ankunft seines Nachfolgers, um nicht unterwegs mit ihm zusammenzutreffen, wie es ihm selbst mit seinem Vorgänger begegnet war, weil er besorgte, dass daraus zuletzt noch Unruhen im Lande entstehen möchten, indem er sich selbst nicht würde beherrscht haben, wenn bei seinem hohen Ansehen die Bevölkerung für ihn aufgestanden wäre und sich Gelegenheit geboten hätte, dem neuen Statthalter Widerstand zu leisten. Desshalb beeilte er sich und gab sich bei seinem Aufbruch den Anschein, als wolle er seine Statthalterschaft bereisen, wie er es schon einmal gethan hatte: er wollte seinen Edelmuth und seine Gerechtigkeitsliebe zeigen. Zugleich kam die wachsende Macht der Portugisen in Betracht, welche über die Schiffe im Meere die Herrschaft hatten. Er wäre zu allem fähig gewesen, wenn er nicht seinen Abzug beschleunigt hätte, denn sein Inneres war das Gegentheil von dem, wie er sich äusserlich zeigte, und er machte die grössten Anstrengungen um aus Jemen fortzukommen, bevor ein Aufstand zu seinen Gunsten ausbrach. Er nahm, um seinem Nachfolger auszuweichen, den ungewöhnlichen Weg nach Norden und traf im Scha'bân (Juni 1623) in Abu 'Arisch der damaligen Gränzstadt von Jemen ein und hier starb er.

Als so das Land ohne Herrscher war, kam dem Emir Muhammed ben Sinân Pascha die Lust an, sich der Regierung mit offener Gewalt zu bemächtigen; er gab sich den Anschein, als wolle er die Schätze, welche Fadhlallah hinterlassen hatte und welche dessen Stellvertreter mit der Escorte, die ihn begleitet hatte, zurückbrachte, in Sicherheit bringen, und nahm ihm und seinen Begleitern mit der grössten Rücksichtslosigkeit alles ab und that so, als schiene es ihm zu wenig und wollte ihnen noch mehr abpressen. Aber während er so »in fremdem Sattel sass und mit fremdem Stabe einherschritt«, umgab ihn schon das

Unglück von allen Seiten. Er verweilte einige Zeit mit einem grossen Gefolge in Zabîd und hier tauchte das Gerücht auf, dass der neu ernannte Statthalter einen Unfall zur See erlitten habe, dann, dass er mit seiner Begleitung im Hafen von Gidda angekommen sei, und jetzt glaubte der Emir, er werde in dem Hafen el-Buk'a nahe bei Zabîd landen. Dem Wezir waren diese Nachrichten durch seine Eilboten schnell zugegangen und er richtete nun seinen Weg nach Mocha und landete hier in dem Hafen Freitag (?) den 1. Dsul-Ca'da 1032 (27. Aug. 1623). Nachdem er das Schiff verlassen hatte, schickte er sogleich zu dem Emir und als dieser kam, verglich er sich mit ihm über die von ihm gewünschten Gegenstände aus Fadhlallahs Nachlass, sobald er aber seine Macht befestigt hatte, liess er ihm Montag (?) den 4. Dsul-Ca'da 1033 (17. Aug. 1624) den Kopf abschlagen.

§. 10. *Ḥaidar Pascha.*

Über Ḥeidar Pascha findet sich bei *Muḥibbi* keine eigene Lebensbeschreibung; zu seiner Zeit 1033 bis 1039 (1624 bis 1629) gewannen die Jemenischen Fürsten die Oberhand über die Türken, wenigstens ist aus dem Folgenden gewiss, dass sie ihn gefangen nahmen und so lange in Verwahrsam behielten, bis er von seinem Nachfolger Cânçûh Pascha befreit wurde.

§. 11. *Cânçûh Pascha.*

Cânçûh Pascha kam über Ägypten und Mekka am 22. Muḥarram 1039 (11. Sept. 1629) nach Jemen. In Ägypten hatte er eine grosse Armee zusammengezogen, in welcher sich eine unzählige Menge von Gross-Emiren befand; die berühmtesten unter ihnen waren der Emir Mûsá ben el-Chabîr mit 300 oder noch mehr Reitern von den Arabern in Ägypten und der Wezir 'Âbidîn, welcher mit einer bedeutenden Summe Geldes nach Ägypten gekommen war, um damit für Cânçûh ein Corps auszurüsten. Als er erfuhr, dass Cânçûh mit der Ausrüstung bereits beschäftigt sei, bot er ihm seine Dienste an und erhielt den

Auftrag die weitere Organisation zu leiten: er kam indess durch seine schlechten Anordnungen in den Verdacht der Verrätherei, bis ihn im J. 1040 durch Çânçûhs eigene Hand[1] sein Schicksal ereilte. — In der Armee waren ferner Ḥamza Aga und Idrîs Aga mit 3000 Reitern von der grossherrlichen Pforte, etwa 1000 Magribiner, 2000 Syrer, 4000 Ägyptier und 2000 Mekkaner. In Mekka entstand zwischen Çânçûh und dem Scherîf Ahmed ben Abd el-Muṭṭalib ein Streit über die Ansprüche, die Çânçûh an diesen machte, er liess ihn festnehmen und hinrichten, bemächtigte sich seines bedeutenden Vermögens sammt den Pferden, Kamelen und Merkwürdigkeiten und setzte Mas'ûd ben Idrîs an seine Stelle, und einen aus seinem Gefolge Namens Muçṭafâ ernannte er zum Befehlshaber von Ǵidda. Von Mekka setzte er seinen Weg zu Lande fort, während die Schiffe mit den geraubten Schätzen und der Armee ihm zur Seite auf dem Meere fuhren. Die ersten Truppen unter dem Emir Ibn Chabîr erreichten Maur Montag d. 10. Rabî' I. (28. Oct. 1629) und als el-Takî ben Ibrâhîm von seiner Ankunft benachrichtigt wurde, bog er ihm aus und zog sich mit seinem Corps nach Rubû' Adsru' östlich von Beit el-Fakîh (Ibn Ḥuscheibir) el-Zeidia zurück und ebenso wich der Scherîf Hâschim aus seitwärts nach Oçâb und der Emir Sunbul stand östlich von Ḥeis. Hâschim rückte in der Donnerstags-Nacht d. 13. Rabî' II. (30. Nov.) vor und in der Dienstags-Nacht d. 18. (5. Dec.) zog der General Jûsuf mit 200 Reitern über Marâwi'a nach Beit el-Fakîh, dann nach Zabîd in der Frühe des Dienstags und wandte sich am Abend desselben Tages gegen Mochâ, wo er am Mittwoch Nachmittag ankam. Er liess 'Âbidîn Pascha festnehmen, ins Gefängniss werfen und nach drei Tagen ohne Verhör umbringen; sein Vermögen zog er ein und brachte seine Familie in der Wohnung des Scherîf Abul-Câsim el-Schagar unter.

Çânçûh war inzwischen Freitags früh den 21. Rabî' II. (8. Dec.) nach Beit el-Fakîh Ibn 'Ogeil gekommen; er nahm hier den Fakîh Ahmed ben Muhammed ben Ga'far el-'Ogeil fest, liess ihn ins Gefäng-

1) Dies stimmt nicht genau überein mit der gleich nachher erzählten Ermordung.

niss bringen, bemächtigte sich seines bedeutenden Vermögens und liess ihn Montags früh den 23. ans Kreuz heften, weil er der angesehenste Mann in Beit el-Fakîh und bei dem Prinzen Hâschim[1]) beliebt war. Er richtete noch grosses Unheil an. liess die Befestigungen von Beit el-Fakîh zerstören und die Häuser ausplündern, wodurch er sich bei seinen Feinden nur noch verhasster machte, sodass sie zur List ihre Zuflucht nahmen. Sein ganzes Verfahren war der Grund, dass sein Ansehen geschwächt wurde, indem er sich dadurch die Herzen entfremdete, besonders als er die Vermittlung des Fürsten el-Ṭâhir ben Baḥr zurückwies und dessen Ermahnungen nicht annahm, den Leuten ihre Übelthaten zu verzeihen, wobei er auf das Beispiel des Wezir Sinân und seine Gnade hinwies. Er wollte davon nichts wissen und berief sich stolz auf den Befehl, den er von Gott erhalten habe.

Von Beit el-Fakîk zog Cânçûh nach Zabîd. wo er Dienstag früh den 25. d. M. mit einer grossen Armee eintraf; hier sammelten sich um ihn die Emire, Grossen, Scheiche und Herren, auch der General Jûsuf kam mit einem grossen Theile seines Corps aus Mochâ und hielt einen grossartigen Einzug ins Lager. Sobald als Cânçûh zur Ruhe gekommen war, liess er den Emir Ḥeidar aus seinem schweren Gefängnisse befreien und schickte ihn mit einem seiner Mamluken nach Sawâkin,

1) Dieser Prinz Hâschim ben Ḥâzim ben Abu Numej el-Scherîf el-Hasaní, der sich der Gelehrten sehr annahm, sie zu Disputationen um sich versammelte und die Wissenschaften zu heben suchte, war in den Jahren 1036 bis 1039 (1626—29) Präfect von Beit el-Fakîh und der Umgegend gewesen und hatte die Arabischen Stämme gut im Zanme gehalten. Zu der Zeit als Cânçûh Pascha nach Jemen kam, besass er die Herrschaft von el-Laḥab und el-Muḥarrak, später belagerte er in Gemeinschaft mit dem Prinzen el-Hasan die Stadt Zabîd, bis er sie einnahm und sich das ganze Land bis Maur bei Luḥeija unterwarf, ein so grosses Gebiet, wie es damals kein anderer Fürst in Jemen inne hatte, aus welchem er die Einkünfte bezog und seine Armee recrutirte. Er herrschte hier neun Jahre und einige Monate, bis er Freitag früh d. 26. Muḥarram 1055 (24. März 1645) starb, nachdem ihm sein Sohn Ali in Jarim um einen Monat am 26. Dsul-Ḥigga 1054 (23. Febr. 1645) im Tode vorangegangen war. Beide hinterliessen unermässliche Schätze und zahlreiches Kriegsmaterial.

und von dort reiste er über Câhira nach Constantinopel, wo er von dem Sultan einen hohen Posten erhielt.

Der Emir Mûsá ben el-Chabîr erhielt den Befehl nach Ḥeis zu marschiren, wo er mit einem grossen Corps einzog; da brach die Pest unter den Truppen aus, welcher Ibn el-Chabîr, sowie seines Bruders Sohn und der grösste Theil seines Corps erlag, sodass nur wenige übrig blieben. In Zabid starb der Emir Ahmed und eine Menge Leute, sodass diejenigen, welche die Todten waschen und begraben mussten, von der Arbeit ermüdeten. Nach einem Aufenthalte von etwa 40 Tagen marschirte Cânçûh nach Ḥeis, die Pest nahm zu und ein grosser Theil seines Corps kam um; mit den Kamelen, deren aus Syrien gegen 10,000 gekommen waren, ging es ebenso, und wer eins der noch vorhandenen haben wollte, nahm es hin, da die Treiber gestorben waren; auch ein grosser Theil der Pferde erlag der Krankheit. — Hiernach wandte sich Cânçûh nach Mochâ, bezog hinter der Stadt ein Lager und baute dort eine grosse Burg. Am 10. Dsul-Ḥigga (21. Juli) kam zwischen Cânçûh und dem Imâm Hasan ein Friede zu Stande; letzterer schickte den Erbprinzen seinen Bruder Muhammed und eine Anzahl höherer Officiere zu Cânçûh, welcher ihnen Ehrenkleider und andere Geschenke überreichte, worauf sie nach Mochâ zurückkehrten.

Am 14. d. M. (25. Juli) liess Cânçûh den General Jûsuf herbeiholen und ihm in dem Diwân den Kopf abschlagen; darüber entstand unter den Truppen ein Aufstand, sie belagerten ihn in seiner Burg fünfzehn Tage lang, bis unter dem Versprechen eines höheren Soldes die Ruhe hergestellt wurde. Sie hatten indess auch die Auslieferung von sieben Personen aus seiner Umgebung verlangt, von diesen wurden zwei umgebracht und vier als Geisseln[1]) behalten; der siebte entkam durch die Flucht und rettete sich. Bald aber entstanden durch erhöhte Forderungen der Soldaten neue Unruhen, sie schlossen Cânçûh in der Burg ein, gaben ihm drei Tage Bedenkzeit und brachten die obersten Emire in Mochâ ins Gefängniss. Durch eine Zulage an Sold wurde

1) Ich lese كرهان anstatt كران des Textes.

zwar auch jetzt die Ruhe hergestellt, allein solche Auftritte wiederholten sich nun in jedem Monate, bis ein Theil der Truppen eigenmächtig nach el-Zeidia abmarschirte und wer Lust hatte nach Syrien zurückkehrte. Diese Streitigkeiten hörten nicht auf, bis es im J. 1045 (1635) zwischen Cânçûh und Hasan zu einem Kampfe kam, in welchem auf beiden Seiten viele getödtet wurden; im Rabî' II. (Oct.) trat Cânçûh aus seiner Burg heraus, begab sich zu Hasan und unterwarf sich ihm. Hasan rüstete ihn selbst noch Montag (?) den 3. Gumâdá I. (25. Oct.) aus, schenkte ihm etwa 50 vollständig aufgeschirrte schöne Pferde und ebensoviel Kamele mit ihrer Bepackung, dazu eine Anzahl Leute, und liess ihn von el-Takî ben Ibrâhîm nach Mekka begleiten, von wo er nach einem Aufenthalte von wenigen Tagen nach Constantinopel weiter zog. Er starb hier einige Jahre nach 1060 (1650).

So endigte die Herrschaft der Türken in Jemen nach einem mehr als hundertjährigen Kampfe und das Land kam wieder in den alleinigen Besitz der einheimischen Herrscher, deren Geschichte wir noch bis zum Ende des Jahrhunderts weiter verfolgen.

Stammtafel

der Imâme von Jemen.

Die voranstehenden Zahlen bezeichnen die Reihenfolge im Imamat, die unterstehenden die Reihenfolge im Text.

- el-Raschîd
  - Ali
    - Muhammed
      - Ali el-Muajjid
        - Muhammed
          - 1. el-Câsim el-Mançûr billahi (1)
            - 2. Muhammed el-Muajjid (2)
              - el-Câsim (16)
            - Hasan (3)
              - Muhammed (12)
                - Juhjâ (13)
                - Ismâ'îl (14)
              - 5. Ahmed (15)
                - 7. Muhammed (20)
                  - Abdallah (21)
            - Husein (4)
              - Muhammed (7)
            - 3. Ahmed (5)
              - Muhammed (23)
            - 4. Ismâ'îl el-Mutawakkil (6)
              - Ali (17)
              - Hasan (18)
              - 6. Muhammed (19)
              - 8. Jûsuf (22)
            - Juhjâ (8)
            - Jûsuf (9)
            - Ali (10)
              - Hasan (11)
        - 'Âmir (24)
          - Abdallah (25)
            - Ali (26)
          - Ahmed
            - Ibrâhîm (27)

Jemen im XI. (XVII.) Jahrhundert.

Die Kriege der Türken, die Arabischen Imâme und die Gelehrten.

Von

F. Wüstenfeld.

Zweite Abtheilung.

Vorgelegt in der Sitzung der Königl. Gesellsch. der Wissensch. am 8. Nov. 1884.

II. Die Imâme.

Der Prinz Muṭahhar ben Muhammed el-Gurmûzí el-Hasaní, geb. in Gumâdá II. 1003 (Febr. 1595) gest. am 27. Dsul-Higga 1077 (23. Mai 1667) hat eine Chronik verfasst, worin er das Leben, die Schlachten und Schicksale der drei Imâme el-Câsim und seiner beiden Söhne Muhammed el-Muajjid und Ismâ'îl el-Mutawakkil beschrieben und die von ihnen geführten Correspondenzen gesammelt hat.

§. 12. *el-Câsim ben Muhammed.*

1. el-Câsim ben Muhammed ben Ali ben Muhammed ben Ali ben el-Raschîd[1]) führte als Imâm den Ehrennamen el-Mançûr billahi »der durch Allah Siegreiche«. Seine Vorfahren hatten sich weder durch Tapferkeit, noch durch besondere Verdienste etwa als Heerführer oder Fahnenträger hervorgethan und nicht einmal eine Spur von wissenschaftlicher Bildung besessen, indess sein Vater, welcher in der Armee des Muṭahhar ben Scharaf ed-dîn stand, hatte sich unter den Truppen, welche nicht beständig im Dienste waren, ausgezeichnet und an der Schlacht, welche Luṭfallah ben Muṭahhar dem Grossvezir Sinân Pascha (S. 20) in der Ebene von Chaugân قاع خوجان lieferte, Theil genommen. el-Câsim wurde im J. 968 (1560) geboren, als er heranwuchs, las er den Coran und zeigte

---

1) Die weitere Abstammung ist: ben Ahmed ben el-Imâm Husein ben Ali ben Jaḥjá ben Jûsuf gen. el-Aschall »mit verstümmelter Hand« ben el-Câsim ben el-Imâm Jûsuf el-Dâ'î ben Jaḥjá el-Imâm el-mançûr ben Ahmed el-Imâm el-nâçir ben Jaḥjá el-Imâm el-hâdî ben el-Husein ben el-Câsim ben Ibrâhîm Ṭabâṭabâ ben Ismâ'îl ben el-Hasan II. ben el-Hasan el-Sibṭ ben Ali ben Abu Ṭâlib. An einer anderen Stelle von dem zuerst genannten Jaḥjá an: Jaḥjá ben Muhammed ben Jûsuf el-Aschall ben el-Imâm el-Dâ'î Jûsuf d. ältere ben Jaḥjá el-Imâm el-mançûr.

Verstand und Klugheit; er trat in die Dienste des Imâm el-Hasan ben Ali, lebte bei ihm in dem Gebiete von el-Ahnûm, und als der Imâm von dem Vezir Hasan Pascha nach Constantinopel abgeführt wurde, (S. 37), verliess el-Câsim jene Gegend und begab sich von einer Stadt nach der anderen, um sich wissenschaftlich auszubilden; unter seinen Lehrern wird ein Scheich Abd el-rahman ben Abdallah genannt. Nachdem er sich ziemlich umfangreiche Kentnisse erworben hatte, sodass er sich auch in der Folge noch schriftstellerisch beschäftigte und mehrere gute Werke lieferte, fühlte er in sich den Drang, sich gegen die lästige Fremdherrschaft aufzulehnen, weil er wusste, dass das Land dem Luṭfallah ben Muṭahhar gehört hatte und folglich ohne einen rechtmässigen Regenten sei. Er erliess also einen Aufruf, erhob sich am 27. Muḥarram 1006 (2. Sept. 1597) in dem Orte Gadîd Câra جديد قرة in dem Districte von Schâm el-Schark und sogleich entbrannte die Flamme und der Stern der Empörung ging auf.

Hier bricht Muḥibbí ab und fährt aus einer anderen Quelle zehn Jahre später fort; das dazwischen liegende hatte er in dem Artikel über Hasan Pascha (§. 5) schon berichtet.

Als el-Mutawakkil Abdallah ben Ali ben Husein ben 'Izz ed-dîn ben Hasan ben Ali el-Muajjid im J. 1016 gestorben war, trat der Imâm el-Câsim in Jemen wieder auf. Der Emir Abd el-rahîm ben Abd el-rahman ben Muṭahhar setzte sich mit ihm schriftlich in Verbindung und sie kamen überein, den Krieg gegen den Sultan wieder zu beginnen.

Hier werden fast wörtlich die el-Câsim betreffenden Stellen aus dem Leben des Sinân Pascha (§. 6) und Ga'far Pascha (§. 7) wiederholt.

el-Câsim starb Dienstag den 15. Rabî' I. 1029 (19. Febr. 1620) und hinterliess eine Menge Kinder, unter denen Muhammed, Hasan, Husein der gelehrteste von allen, Abu Ṭalib Ahmed el-machlû' und Isma'îl besonders zu nennen sind. Zu einer theologischen Schrift von ihm schrieb sein Enkel Muhammed (12) ben Hasan einen Commentar; berühmt geworden und von nachfolgenden Gelehrten mehrfach commentirt sind seine Werke اساس الاصول Fundamenta principiorum religionis und مرقاة الوصول الى علم الاصول Scala proveniendi ad doctrinam principiorum theologiae, kurz مرقاة الاصول Scala principiorum genannt.

§. 13. *Muhammed ben el-Câsim.*

2. Muhammed ben el-Câsim übernahm nach dem Tode seines Vaters die Regierung, nannte sich als Imâm el-Muajjid billah »der durch Allah Gestärkte« und erkannte die Bedingungen an, unter denen sein Vater mit Muhammed Pascha Frieden geschlossen hatte (§. 8). Allein bei dem öfteren Wechsel der Türkischen Statthalter und bei den Revolten, welche unter deren eigenen Truppen ausbrachen, hielten die Arabischen Häuptlinge die Zeit für gekommen, um das Türkische Joch abzuschütteln. Sie vereinigten sich unter dem Imâm Muhammed und beschlossen, die Türken aus dem Lande zu vertreiben, seine Brüder halfen redlich dabei und es gelang nach einigen Kämpfen vollkommen. Hiernach trat eine ruhige und glückliche Zeit für Jemen ein; Muhammed ernannte den Gelehrten Nâçir ben Abd el-hafîdh zu seinem Wezir, welcher auch bei gelehrten Gegenständen in den Sitzungen die oberste Leitung hatte; der Imâm besass selbst gute Kenntnisse und hat viele Abhandlungen geschrieben, in denen er wissenschaftliche Fragen aus verschiedenen Fächern behandelt hat (vergl. 38). Er war ein Wohlthäter der Armen und Beschützer des ganzen Landes und unter den Segnungen seiner umsichtigen Regierung herrschte Sicherheit auf allen Wegen. Nachdem er gegen 27 Jahre[1]) ohne Unterbrechung die Last des Imamats standhaft ertragen hatte, starb er am 27. Ragab 1054 (29. Sept. 1644) in Schahâra und wurde hier neben seinem Vater begraben.

Einige Jahre vorher waren seine Brüder Hasan und Husein gestorben.

3. Hasan ben el-Câsim war von allen Angehörigen der zahlreichen Familie der wissenschaftlich gebildetste und einsichtigste, der tapferste und freigebigste, seines Rathes bedienten sich seine Brüder in allen Angelegenheiten, er war funfzehn Jahre lang der eigentliche Leiter des Ganzen und unter seiner Führung wurden die Türken aus dem Lande vertrieben. Bei allen Arbeiten, welche ihm die Kriege und

1) Ein kleiner Rechenfehler, wenn man auch wie gewöhnlich das erste und letzte Jahr für voll rechnen wollte; genau sind es nur 25 Jahre 4 Monate und 12 Tage.

die Regierungsgeschäfte verursachten, fand er noch Zeit sich mit dem Lesen der Gedichte zu beschäftigen, wodurch er sich aufheiterte. Er machte grosse Geschenke, that viel Gutes, hielt die Kinder der Frommen und Gelehrten in Ehren und sorgte dafür, dass ihnen ihr Recht wiederfuhr. Desshalb wurde ihm ein vollständiger Sieg zu Theil und desshalb hatte er Glück in seinen Kriegen, denn niemals zog er mit einem Heere hinaus, ohne als Sieger zurückzukehren, und die Gedichte zu seinem Lobe sind sehr zahlreich. Er umgab den Berg Dhûrân mit einer Mauer und erbaute auf der Spitze eine starke Festung, dann schloss er in den Umkreis eine so grosse Stadt ein, dass sie Marktplätze, Badehäuser und Moscheen enthielt, und machte rund herum die Felder urbar und bepflanzte sie mit Obstbäumen. Jeder seiner Emire erhielt den Befehl, hier ein Haus zu bauen, sie folgten ihm und so entstanden die Dörfer umher.

In Luḥeija lebte eine unabhängige Fürstenfamilie und zu ihr gehörte damals Abu Surrein Muhammed ben el-Macbûl ben Othmân ben Ahmed ben Mûsá ben Abu Bekr ben Muhammed ben 'Îsá ben Çafî ed-dîn Ahmed ben Omar el-Zeila'î el-'Okeilî; er war im J. 959 (1552) geboren und hatte den Vornamen Abu Surrein davon erhalten, weil er mit zwei Nabeln *surrein* zur Welt kam. Als er am siebten Tage einen Namen bekommen sollte, brachte ihn sein Vater zu den versammelten Freunden, legte ihn in ihre Mitte und sagte: Wer von euch kann seinen Kopf von der Erde in die Höhe heben? Alle versuchten es, aber keiner vermochte es, da sprach der Vater: dieser wird nach mir meine Stelle einnehmen. Muhammed hatte noch ältere Brüder, deren Mütter freie Araberinnen waren, seine Mutter war eine Sklavin, der Vater wollte seine Freunde darauf hin weisen, dass er der würdigste sein werde ihm zu folgen; Gott bevorzugt, wen er will. Er zeichnete sich dann auch durch seine Kenntnisse und seine umsichtige Leitung so aus, dass, als ihm die Regierung von Luḥeija übertragen wurde, die Bewohner der Stadt und der umliegenden Orte ihre Zuflucht zu ihm nahmen und die Nomaden Araber ihm wie einem Emir gehorchten, und selbst die Türken, so lange er mit ihnen in Frieden lebte, unternahmen nichts ohne seinen

Rath. In der Folge betheiligte er sich an den Kriegen gegen die Türken und lieferte ihnen mehrere Schlachten und niemand konnte ihm etwas Schlechtes nachsagen. Nur einige Neider suchten ihn bei el-Hasan ben el-Câsim zu verleumden und beschuldigten ihn, dass er die Türken mit seinem Gelde unterstütze, ihnen Geschenke zusende und sie zum Kriege gegen die Imâme aufreize. Hasan befahl einigen aus seinem Gefolge ihn herbeizuholen und hatte die Absicht ihn zu tödten, so bald er einträfe. Sie brachten ihn, er war krank und wurde auf einem Sessel getragen, und als Hasan ihn sah, empfing er ihn mit Auszeichnung, entschuldigte sich wegen seines Verfahrens gegen ihn und befahl ihn mit allen Ehren nach seinem Wohnorte zurückzubringen. Nachdem die Vorbereitungen dazu getroffen waren, kam Muhammed nochmals zu Hasan und sprach: siehe, ich bin krank und wünsche in meiner Vaterstadt zu sterben, desshalb lass mich schnell abreisen, und wisse, dass du mir bald nachfolgen wirst. Er liess ihn sogleich abreisen, Muhammed kam nach Luḥeija und es währte nur wenige Tage, da starb er am 2. Ramadhân 1048 (7. Jan. 1639).

Gerade einen Monat nachher, Sonnabend den 2. Schawwâl 1048 (6. Febr. 1639) starb Hasan an der Pleuritis, etwa 15 Jahre nachdem er als Emir aus Çan'â ausgezogen war; er wurde in Dhûrân beerdigt und über seinem Grabe ein grosses Monument errichtet an der Seite der Moschee, deren Fundamente er gelegt hatte und welche von seinem Sohne Muhammed vollendet wurde, der auch eine Wasserleitung bis zu dieser Stelle anlegen liess. Sein Tod verursachte allgemein eine tiefe Betrübniss, weil er sich so grosse Verdienste um die Regierung erworben, in den Kriegen persönliche Tapferkeit gezeigt und danach einen solchen Edelmuth bewiesen hatte, dass, nachdem die Türken in Zabîd von ihm besiegt waren und seine Rathgeber ihn antreiben wollten sich an ihnen zu rächen, er sich nicht nur nicht bewegen liess sie zu bestrafen, sondern vielmehr ihnen verzieh und sie noch mit Ehrenkleidern und in anderer Weise beschenkte. Die Jahrszahl seines Todes 1048 ist in den Buchstaben des Spruches ausgedrückt حسن الخلد فى الجنان Hasan der ewig in den Paradiesgärten weilt.

4. Husein ben el-Câsim el-Dhafirí hatte sich nicht als Staatsmann oder Krieger, sondern durch seine Gelehrsamkeit ausgezeichnet, sodass sein Name in allen Städten von Jemen bekannt war. Er wurde von seinem Vater unterrichtet, bis er herangewachsen war und sich schon durch seine Kenntnisse hervorthat, dann begab er sich nach der Festung Dhafir auf dem Berge Ḥagga, wonach er den Namen el-Dhafirí erhielt; er hörte hier den Gelehrten Luṭfallah ben Muhammed el-Dhafirí (43) und Abdallah Ibn el-Mahlâ (36) und besuchte viele andere Lehrer; im Erbrecht wurde er von Badr ed-dîn Muhammed ben Ali (31) unterrichtet. Er hat mehrere berühmt gewordene Bücher geschrieben, wie غاية السول Summum desiderium de doctrina principiorum, mit einem Commentar هداية العقول Directio ingeniorum; آداب العلماء والمتعلمين Institutiones doctorum et magistrorum ein Auszug aus dem Buche des Samhûdí جواهر العقدين Gemmae duorum monilium colli. Er machte auch ansprechende Gedichte, schrieb eine unvergleichlich schöne Handschrift und starb Donnerstag (?) den 24. Rabî' II. 1050 (23. August 1640) in der Stadt Dsamâr.

§ 14. *Ahmed ben el-Câsim.*

5. Als rechtmässiger Erbe in der Regierung folgte auf Muhammed sein Bruder Abu Ṭâlib Ahmed in Schahâra, aber bald darauf erliess der andere Bruder Ismâ'îl (6) in Dhûrân einen Aufruf und eine Menge Leute huldigten ihm; dann trat auch der Sohn des verstorbenen dritten Bruders. Muhammed (12) ben Hasan ben el-Câsim auf und liess sich in Ibb, Gibla und den umliegenden Districten huldigen. Als die Sache anfing ernst zu werden und die verschiedenen Ansprüche sich geltend machten, fassten die Einsichtigeren den Beschluss, welchem auch Muhammed mit seiner Partei beitrat, Ismâ'îl allein die Regierung zu übertragen; dieser treffende Plan fand allgemeine Billigung, die Leute und die Emire der Städte kamen von allen Seiten herbei, huldigten ihm und erklärten ihm ihren Gehorsam.

Nur Ahmed widersetzte sich und Ismâ'îl schickte den Prinzen Muhammed (7) ben Husein gegen ihn, um sich der Stadt Thulâ zu bemächtigen; als Ahmed von seiner Annäherung Kenntniss erhielt, brach er von Schahâra mit der dortigen Mannschaft auf in Begleitung des Cadhi Ahmed ben Sa'd ed-dîn el-Miswarí (42) und einer Menge Würdenträger, unter ihnen Ibrâhîm (27) ben Ahmed ben 'Âmir[1]). Die beiden Corps stiessen auf dem Wege nach Thulâ auf einander, es kam zur Schlacht, die Partei Ismâ'ils behielt die Oberhand, Ahmed zog sich nach Thulâ zurück und wurde darin belagert. Er kam dann von Thulâ nach Dhûrân zu seinem Bruder Ismâ'îl, trat ihm die Regierung ab und huldigte ihm; ebenso der Emir el-Nâçir ben Abd el-rabb, Herr von Kaukabân, mit einer Menge angesehener Männer, darunter der genannte Cadhi Ahmed ben Sa'd ed-dîn, el-Nâçir ben Ragîh und viele andere. Wegen dieser Vereinigung der Parteien der Muslim und der Herstellung der Eintracht wurde ein allgemeiner Festtag gefeiert, dann begab sich Ahmed nach Ça'da, welches ihm sein Bruder Ismâ'îl zur Verwaltung übergab.

§. 15. *Ismâ'îl ben el-Câsim.*

6. Ismâ'îl ben el-Câsim ben Muhammed wurde im J. 1019 (1610) geboren und von Schâfi'itischen und Zeiditischen Gelehrten unterrichtet; er hatte sich besonders auf das Studium der religiösen und bürgerlichen gesetzlichen Vorschriften und der Volkswissenschaften[2]) gelegt, war aber auch in andern Fächern gut bewandert; er hatte eine schöne, kräftige, wohlbeleibte Gestalt und ein angenehmes Gesicht. Nach den kurzen Streitigkeiten mit seinem Bruder Ahmed übernahm er die Alleinherrschaft von ganz Jemen im J. 1055 (1645) mit dem Titel el-Mutawakkil alallahi »der auf Allah Vertrauende« und führte auch den Wahlspruch »Ich vertraue auf Allah den einigen immerdar.«. Unter seiner Regierung erholte sich das Land von den beständigen Kriegen und den Bedrückungen durch die Türken, da er nur auf das Wohl seiner Unter-

---

1) Hiermit ist weiterhin der Artikel Muhammed (28) ben el-Husein zu vergleichen.

2) العلوم الآلية vermuthlich الالهية zu lesen: die göttlichen Wissenschaften, Metaphysik.

thanen bedacht war, und Sicherheit der Person und des Eigenthums, der Frauen und Kinder, Sicherheit der Wege, ungehinderter Handelsverkehr und daher wohlfeile Lebensmittel waren die Segnungen, die daraus hervorgingen. Er duldete kein Unrecht, selbst nicht gegen Andersgläubige, deshalb wagte auch keiner seiner Verwalter sich eine Ungerechtigkeit gegen die Unterthanen zu Schulden kommen zu lassen, und wenn er Grund hatte, gegen Jemand ungehalten zu sein, trug er es ihm nicht nach, dass er ihm heimlich zu schaden gesucht oder ihn zurückgesetzt hätte Er war höflich gegen Vornehme, die ihn besuchten, die Gelehrten empfing er mit freundlichem Gesichte und verkehrte gern mit ihnen, und eine so ruhige und glückliche Zeit liess ihm selbst die Musse zu schriftstellerischen Arbeiten und er verfasste mehrere schöne Bücher darunter einen Commentar zu dem Corpus principiorum de traditionibus legati Dei von Mubârak Ibn el-Athîr († 606 Hagi 3869) und eine Sammlung von 40 Traditionen, welche sich auf die Lehre der Zeiditen beziehen sollen, mit einem erschöpfenden Commentare.

7. Etwas näheres über den Anfang seiner Regierung und den Kampf gegen Ahmed erfahren wir noch aus der Biographie seines Neffen Muhammed ben el-Husein ben el-Câsim. Dieser hatte wie sein Vater eine wissenschaftliche Erziehung erhalten und lebte nach dessen Tode unabhängig auf ihrer Besitzung bei dem Parke el-Bustân am westlichen Thore von Çan'â als einer der angesehensten Männer der regierenden Familie, von Gelehrten und höheren Officieren umgeben. Als der Imâm Muhammed el-Muajjid starb und die Streitigkeiten um die Nachfolge zwischen Ahmed und Ismâ'îl ausbrachen, begab sich Muhammed ben el-Husein zu dem letzteren nach Dhûrân auf der Haupstrasse über A'schâr. Ismâ'îl empfing ihn sehr freundschaftlich, wies ihm den Platz an, der ihm gebührte, und schickte ihn dann an der Spitze eines Corps nach Ḥidâr dem Heere entgegen, mit welchem Ahmed von Çan'â her gegen ihn heranzog. Bei Ḥidâr wurde mehrere Tage morgens und abends gekämpft, bis der Prinz Ahmed (15) ben el-Hasan ben el-Câsim von Dsamâr heraufkam um Çan'â zu belagern. Er vereinigte sich mit Muhammed ben el-Husein, sie zogen vor Thulâ und hier wurde zwischen

Ahmed ben el-Hasan und dem Emir el-Nâçir ben Abd el-rabb (57) der Friede abgeschlossen.

Muhammed kehrte hochgeehrt zurück, sein Ansehen stieg, es sammelten sich um ihn so viele Truppen, wie bei seinem Vater und der Imâm Ismâ'îl übergab ihm mehrere Gebiete zur Verwaltung. Er wandte sich dann in Verbindung mit Ahmed ben el-Hasan (15) nach dem Hochlande von el-Salif um die kleinen Fürsten von el-Scharaf zu unterwerfen; durch seine richtigen Massnahmen wurden die Gegner ungeachtet ihrer Überzahl und ihrer Tapferkeit in kurzer Zeit getödtet oder gefangen genommen, wo er erschien, behauptete er das Schlachtfeld als Sieger. Am Jâfi' war noch eine Partei, welche den Friedensvertrag nicht anerkennen und sich nicht unterwerfen wollte; Muhammed ben el-Husein marschirte hinauf in Verbindung mit Ahmed ben el-Hasan und dessen Bruder Muhammed (12), welcher sich schon bei Nagd el-Salif durch seine Tapferkeit ausgezeichnet hatte; sie erstürmten den Berg von Jâfi' und der Sieg war entschieden. Muhammed ben el-Husein war sehr erfreut über diesen Erfolg und er kam dann mit Ahmed ben el-Hasan nochmals dahin zurück, um den Frieden vollständig herzustellen.

Am Ende seines Lebens wandte er sich wieder den Wissenschaften zu, sein Haus war der Sammelplatz der Gelehrten und er brachte eine solche Menge Bücher zusammen, wie sie sonst nur die Sultane haben. Er arbeitete an einem Commentar zu den von Muhammed ben Ibrâhîm ben el-Wezir zusammengestellten 220 Versen aus dem Coran, welche von richterlichen Entscheidungen handeln, woraus er Folgerungen ableitete und wodurch er seine bewundernswerthen Kenntnisse zeigte. Er starb Freitag den 8. Schawwâl 1067 (20. Juli 1657) und wurde auf dem Todtenhofe in dem Parke am Westthore von Çan'â beerdigt in der Nähe des Prinzen Ahmed ben Ali Schâmí und seines Oheims Jahjá ben el-Imâm el-Câsim.

8. Dieser Jahjá ben el-Câsim zeigte von früher Jugend an Talente um dereinst ein tüchtiger Regent zu werden; sein Bruder Hasan hatte ihn auch schon als seinen Stellvertreter mit Regierungsgeschäften beauftragt, als er unerwartet starb.

9. Sein leiblicher Bruder Jûsuf ben el-Câsim war gleichfalls einer der begabtesten Prinzen der ganzen Familie und stellte durch sein aufrichtiges Wesen, durch das Ansehen, welches er genoss, und durch seine Unerschrockenheit, womit er den Feinden gegenüber trat, seine drei Brüder in Schatten: daneben war er ein streng religiöser Muhammedaner und darin lag vielleicht das Geheimniss, wesshalb ihn sein Vater besonders lieb hatte, sodass er bei ihm der Joseph unter seinen Brüdern war, mit welchem er auch in seiner vollkommen äusseren Erscheinung Ähnlichkeit hatte. Er starb um dieselbe Zeit wie Jaḥjá in el-Ḥimá und wurde dort begraben.

11. Auch el-Ḥasan der Sohn des in den Kämpfen gegen Gaʿfar Pascha gefallenen Ali (10) ben el-Câsim (S. 46) starb in demselben Jahre; er hatte einen edlen hochstrebenden Sinn und als wunderbar gewandter Reiter war er zum Sprüchwort geworden; er starb in Dhûrân und wurde auf dem Begräbnissplatze, welcher sich von der Süd- nach der West-Seite an der Stadt el-Ḥiçnî hinzieht, beerdigt. Der Tod dieser drei erfolgte kurz hinter einander im Laufe des J. 1045 (1635) oder im Jahre vorher. Darauf beziehen sich die Verse, welche el-Ḥusein ben el-Câsim an seinen Bruder Ismâʿîl richtete:

Prinzen eilen den Becher des Todes zu trinken.
Wunderbar, wie bitter ist doch der Becher des Todes!
An zwei Prinzen, die in Çauʿâ und in Dhûrân
vermisst werden, hauchte ein frommes Leben aus;
Dann der in el-Ḥimá, der berühmteste der vermissten,
Jûsuf mit den Josephischen Tugenden.
O ihr Fürsten, die ihr früh ins Grab stieget,
Ihr waret wie die Sterne, welche leuchten, so lange sie glänzen.
Der Tod hat nicht beachtet auf ihrer Höhe den Schaden,
den er dem Adel und der hochherzigen Freundschaft zugefügt hat.
Ihr Verlust hat dem Herzen ein brennendes Feuer hinterlassen.
Möge Allah ihnen Lohn verdoppeln für den Schaden.

Als im J. 1040 (1630) der Sultan von Ḥadhramaut Abdallah ben

Omar wegen seiner überspannten Çufitischen Ideen[1] der Regierung entsagt und sie seinem Bruder Badr ben Omar übergeben hatte, dieser aber durch Ungerechtigkeit und Tyrannei sich verhasst machte, überfiel ihn sein Neffe Badr ben Abdallah und nahm ihn gefangen. Das Volk unterwarf sich ihm, bis er selbst sich ähnliche Ungerechtigkeiten zu Schulden kommen liess und an die anderen Prinzen harte Forderungen stellte. Da traten diese zusammen, verschworen sich gegen ihn und veranlassten den gefangenen Badr ben Omar an den Imâm Ismâ'îl in Jemen zu schreiben und ihm die trostlose Lage von Ḥadhramaut zu schildern. Nun schrieb Ismâ'îl an den Sultan Badr ben Abdallah und forderte ihn auf, seinen Oheim in Freiheit zu setzen, welcher dann, als es geschah, sich zu dem Imâm begab und ihn bewog eine Armee unter Führung seines Neffen Ahmed ben Hasan nach Ḥadhramaut zu schicken. An ihn schloss sich dort der Scheich Abdallah ben Abd el-rahman el-'Amûdí, Verwalter des grössten Theiles von Wâdi Dau'an, und auch die Oberhäupter der Beduinen-Stämme sandten ihm Unterstützungen. Der Sultan Badr zog ihnen entgegen, hatte aber nur seine nächsten Untergebenen auf seiner Seite, und als die beiden Heere zusammenstiessen, wurde er geschlagen, ergriff die Flucht und zog sich in die Berge seiner Oheime el-Sanâkir zurück; er bat für sich um Pardon, der ihm bewilligt wurde. Ahmed ben Hasan nahm im J. 1070 im Namen seines Oheims des Imâm Ismâ'îl von ganz Ḥadhramaut Besitz und als es ihm dort nicht mehr gefiel, kehrte er nach Jemen zurück, nachdem er den Prinzen Badr ben Badr el-Katheirí zum Regenten eingesetzt hatte. Ismâ'îl behielt indess die Oberhoheit in Ḥadhramaut, so lange er lebte; er befahl dort beim Ausruf zum Gebet die Formel der Çufiten hinzuzusetzen: Auf! zum besten Werke! und die Bitte um den Segen für die beiden Chalifen Abu Bekr und Omar wegzulassen; auch verbot er nach der Vorschrift des Çufiten el-Sakkâf[2]) den Gebrauch der Trommeln und Pfeifen. Ismâ'îl starb am 4. Gumâdá II. 1087 (14. Aug. 1676).

1) Vergl. die Çufiten. S. 15.

2) Abd el-rahman ben Muhammed el-'Aidarûs gen. el-Sakkâf war ein älterer Zeitgenosse des Imâm Ismâ'îl. Vergl. die Çufiten. Nr. 57.

Hier sind noch die ferneren Schicksale des oben genannten Prätendenten Muhammed ben el-Hasan ben el-Cāsim und seiner Söhne zu erwähnen.

12. Muhammed ben el-Hasan erhielt eine wissenschaftliche Bildung durch den Unterricht des Cadhi Ahmed ben Jahjâ ben Ḥâbis und des Fakîh Çadik ben Rasâm el-Sawâdî, zeichnete sich aber auch in einigen Schlachten als tapfrer Krieger aus. Ihm wurde die Verwaltung von Ça'da mit seinem Districte übertragen, wo er ein reichliches jährliches Einkommen hatte, den Wissenschaften lebte und Gelehrte um sich versammelte, aber auch die Feinde im Zaume hielt. Zur Zeit als sein Vater erkrankte (1048), war er zum Besuche bei seinem Oheim dem regierenden Imâm Muhammed el-Muajjid, welcher ihn fortschickte und ihm die Verwaltung der Jemenischen Gebiete zwischen Dhurân und Dsamâr übertrug und er nahm abwechselnd seinen Wohnsitz in den beiden Städten Ibb und Dsu Gibla, wo er ein zahlreiches Heer aus den besten Truppen seines Vaters mit den ersten Emiren aus den angesehensten Familien des Reiches sammelte, und als der Imâm Muhammed im J. 1054 starb, liess er sich in seinem Gebiete huldigen. Indess bald darauf entsagte er freiwillig der Regierung zu Gunsten seines Oheims Ismâ'îl und liess ihm dies durch seinen Bruder Ahmed (15) erklären. Ismâ'îl übergab ihm die Verwaltung eines grossen Gebietes mit vielen Städten und Festungen und er führte hier von Truppen umgeben ein beneidenswerthes Leben, nur dass diese ungeachtet der reichen Erndten und des tiefsten Friedens die Lebensmittel vertheuerten. Die eine Hälfte des Jahres brachte er in Dsamâr und dem unteren Jemen zu, die andere in Çan'â, sowie der Fakîh Ṭâûs den Winter in el-Ganad und den Sommer in Çan'â zubrachte. So lebte er vom J. 1054 (1644) bis 1079 (1668). Er setzte seine Studien fort und las noch das Liber memorialis docti grammatici bei dem ersten Gelehrten von Jemen Muhammed ben Çalâḥ el-Salâmî und beendigte es bei Ahmed ben Sa'îd el-Hiball; die الفصول اللؤلؤية *Sectiones margaritis similes* las er bei Ibrâhîm el-Sahûlî[1]. Er war auch selbst Schriftsteller und schrieb

---

1) Saḥûl *Bekri* p. 767. *Sojûṭi*, lobb el-lobâb p. 134. *Abul-Fidâ* géogr. p. 80. *Câmûs* s. v. oder Suḥûl *Jâcût* III. 50 ist der Name eines Arabischen

سبيل الرشاد *Via rectae ductionis ad cognitionem Domini cultorum* ein nützliches Compendium über Metaphysik; التسبيل *Complanatio* ein Commentar zu der مرقاة الوصول *Scala perveniendi ad doctrinam principiorum theologiae*) seines Grossvaters des Imâm el-Câsim; eine ausführliche Beantwortung einer Frage über die Tradition »Mein Volk wird zerstreut werden«, um welche ihn der gelehrte Amed Ibn Muṭeir el-Schâfi'î[1]) gebeten hatte.

Im J. 1079 zog er aus dem unteren Jemen hinauf nach Çan'a zu der Zeit, als sich sein Oheim der Imâm Ismâ'il von Schahâra nach Dhûrân begab; bei ihrem Zusammentreffen wurde die ganze Gegend mit Menschen und die Herzen mit Freude erfüllt. Aber es dauerte nicht lange, da erkrankte Muhammed an der Pleuritis und er starb in seiner Wohnung in Darb el-Salâṭîn im Districte von el-Raudha im ersten Drittel der Nacht auf Donnerstag (? den 18. Rabî' I. 1079 (26. Aug. 1668). Die Prinzen versammelten sich in seiner Wohnung, der Imâm war auch noch dort, und er wurde nahe dabei begraben. Das Gebet würde noch länger gedauert haben, wenn nicht der Imâm zugegen gewesen wäre, denn dieser war in seinen Gedanken ganz damit beschäftigt, wie er das Verhältniss seiner Kinder friedlich ordnen und die Verwaltung unter sie theilen solle. Er bestimmte nun, dass Ahmed ben Hasan, der Bruder des verstorbenen, die zerstreuten Horden vereinigen und das Commando der Truppen und die Bewachung des Landes übernehmen solle, dieser aber liess das Land im Stich, bevor der Imâm von der Stärke seiner Streitkräfte in Kenntniss gesetzt war, und schob alles hinaus.

13. Dann waren noch Jaḥjá und 14. Ismâ'îl, die beiden Söhne des Muhammed ben Hasan, übrig, welche sich bereits einen guten Namen gemacht hatten, den Leuten bekannt geworden und von ihrem Vater mit der Verwaltung einiger Ämter beauftragt waren und daher schon einen hohen Rang einnahmen. Indess Jaḥjá starb, als er nahe

---

Stammes und eines Districtes in Jemen, nach welchem die weissleinenen Kleiderstoffe benannt sind, im Gebirge von 'Uddîn. Wegen seiner Fruchtbarkeit wird der District die Kornkammer oder Ägypten in Jemen genannt. *Jâcût* IV. 438.

1) † 1075 (1664). Vergl. Die Çufiten Nr. 181.

daran war, das schwierigste zu seiner völligen Geschäftskenntniss überstanden zu haben; er hatte sich besonders mit dem Studium der Medicin beschäftigt. Nach seinem Tode war nur noch sein Bruder Ismâ'îl vorhanden, welchem der District el-'Uddîn in Michlâf Ġa'far überwiesen war; auf Befehl des Imâm machte er sich dahin auf den Weg, erkrankte aber unterwegs und starb zur allgemeinen Betrübniss nahe an 40 Jahre alt im J. 1079 in Mudseichira im Gebiete von el-'Uddîn. Er war ein feingebildeter Mann, der sich durch seine Rednergabe in klarer Darstellung und vollendetem Vortrage auszeichnete, und hat ausser einem Lobgedichte auf seinen Vater und anderen einzelnen Gedichten eine ganze Sammlung herausgegeben unter dem Titel سمط اللآل باشعار الآل *Filum margaritarum in carminibus familiaribus.*

§. 16. *Ahmed el-Mahdi ben el-Hasan.*

15. Nach dem Tode des Imâm Ismâ'îl übernahm sein Neffe Ahmed ben el-Hasan ben el-Câsim die Regierung und gab sich selbst den Beinamen el-Mahdî lidînillahi »der Führer zur Religion Allahs«; er war veränderlich in seinen Gunstbezeigungen, hochfahrend gegen seine Sklaven und Diener, dabei aber tapfer, freigebig und mildthätig gegen Dürftige, und da ihm ungeachtet seiner Nachlässigkeit sein Oheim Ismâ'îl doch die Verwaltung einiger Städte gelassen und er es sich danach hatte angelegen sein lassen den Imâm in seinen Bestrebungen zu unterstützen, so suchte er jetzt auch durch eine gute und gerechte Regierung die früheren Fehler ganz vergessen zu machen. Bald nach seinem Regierungsantritt erhob sich sein Vetter 16 el-Câsim ben Muhammed ben el-Câsim und erliess einen Aufruf ihm die Oberherrschaft zu übertragen; ein grosser Theil der 'Ulemâ's von Jemen leistete Folge, sie kamen von allen hochgelegenen Orten herbei um ihm zu huldigen, und in Schahâra, el-Ahnûm, den beiden el-Scharaf, Dhulcima, Ḥagga und dem grössten Theile von Tihâma wurde das Kanzelgebet für ihn gehalten. Selbst ein Prinz aus der Familie der Imâme, Muhammed ben Ahmed ben el-Mahdi el-Hasan ben Dâwûd erkannte ihn an und desshalb wurde auf den Kanzeln von Mançûra, Ḥeis und Zabîd ebenfalls

el-Câsim in dem Gebete als Herrscher genannt. Um es aber nicht zu einem Kampfe und einer Entscheidung durch die Waffen kommen zu lassen, veranlasste derselbe Muhammed ben Ahmed eine Zusammenkunft der angesehensten 'Ulemâ's von beiden Seiten bei el-Câsim in Schahâra: von der Partei des Câsim erschienen unter anderen el-Ḥusein ben el-Nâçir el-Mahlâ, der Herr Jaḥjâ ben Ahmed, die beiden Herren Ismâ'îl und Jaḥjâ die Söhne des Ibrâhîm ben Ḥaggâf, der Cadhi Muhammed ben Cuds, Ali ben Çalaḥ el-Çala'i und andere; von Seiten des Ahmed el-Mahdi waren zugegen der Cadhi Ali ben Gâbir el-Hiball, der Cadhi Jaḥjâ ben Ismâ'îl el-Hâdi, Muhammed el-Kabisí und andere, und sie traten in el-Raḥba im Districte von Schahâra zusammen um abzuwägen, welcher von den beiden Imâmen zum Regenten der geeignetste sei. Inzwischen hatte Jaḥjâ ben Ahmed el-Scharafí eine Schrift abgefasst, worin er anerkannte, dass beide gleiche Rechte auf die Regierung hätten, aber weitläuftig ausführte, dass el-Câsim in jeder Beziehung den Vorzug verdiene; dennoch entschied sich nach langen Verhandlungen die Mehrzahl dahin, Ahmed el-Mahdi als Imâm und Regenten anzuerkennen. el-Câsim verlor dadurch nichts von seinem Ansehen, sein Haus hörte nicht auf, der Mittelpunkt zu sein, wo die Gelehrten aus allen Ländern zusammenkamen, seine vortrefflichen Eigenschaften waren Hohen und Niedern bekannt, er setzte die in der Jugend begonnenen juristischen, theologischen, grammatischen und exegetischen Studien fort und hatte ein besonderes Vergnügen daran Vorträge zu halten und sich nützlich zu machen. Er war im Dsul-Ḥigga 1043 (Juni 1634) geboren.

So bricht der Artikel bei Muḥibbí ab, entweder weil er das Todesjahr nicht wusste, oder, was wahrscheinlicher ist, weil el-Câsim zur Zeit der Abfassung noch lebte, wesshalb er auch keinen eigenen Artikel bekommen hat, sondern gleich hinter seinem Grossvater erwähnt wird, zumal da beide el-Câsim hiessen.

Seit jener Entscheidung der 'Ulemâ's unterwarf sich ganz Jemen dem Imâm Ahmed el-Mahdi, die Mitglieder der Familie el-Câsims eilten von allen Seiten herbei um ihm zu huldigen, auch die Häuptlinge der Arabischen Nomaden-Stämme Hâschid, Makîl und Caḥtân kamen zu ihm, er führte ein geordnetes Regiment, liess die Gerechtigkeit walten und der Schatten seiner Tugenden deckte alle Menschen. Er suchte die Schwachen auf, um ihnen zu helfen, sorgte für die Sicherheit der Wege, sodass die Reisenden unbehelligt dahinzogen, und bei aller Mühe und Arbeit, welche ihm die Sorge für die Unterthanen verursachte, beschäftigte er sich noch eifrig mit dem Lesen gelehrter und schönwissenschaftlicher Bücher; er machte auch schöne Gedichte und viele Dichter kakamen zu ihm, um ihn ihre Lobgedichte auf ihn vorzutragen. Kurz er war einer der hervorragendsten Männer seiner Zeit und einer der berühmtesten seines Jahrhunderts. Er starb am 12. Gumâdá II. 1092 (29. Juni 1681) in el-Girâs und wurde dort begraben.

17. Ali ben el-Mutawakkil Ismâ'îl ben el-Câsim wurde im J. 1050 (1640) geboren und machte, nachdem er auf Schulen an den Vorlesungen Theil genommen und fleissig studirt hatte, im J. 1070 die Wallfahrt in Begleitung einer Anzahl angesehener Männer; dann lebte er am Hofe seines Vaters, wo reisende Gelehrte sich aufzuhalten pflegten, aus deren Umgange er grossen Nutzen zog, sodass er besonders in den schönen Wissenschaften sich ausgezeichnete Kenntnisse erwarb. Als der Vater sich von seiner Tüchtigkeit überzeugt hielt, vertraute er ihm die Verwaltung von Dhûrân mit den umliegenden Gebieten an, während er selbst in der Festung Schahâra seinen Sitz hatte, und Ali blieb auf diesem Posten, bis im J. 1079 sein Vetter der Prinz Muhammed ben el-Hasan ben el-Câsim starb und Ismâ'îl ihn zu dessen Nachfolger im Gebiete von Jemen zwischen Dhûrân und Çan'â ernannte. Nach dem Tode seines Vaters bestätigte ihn Ahmed el-Mahdi in seiner Stellung und legte die Verwaltung aller Jemenischen Gebiete in seine Hände; er residirte meistens abwechselnd in Ta'izz und Gibla und war beständig von einem Kreise umherreisender Gelehrten und Dichter umgeben. Er hat selbst Gedichte gemacht, welche sich ebenso durch ihre vollendete Form, wie durch ihren schönen Inhalt und treffenden Ausdruck auszeichneten, es befindet sich darunter ein längeres Lobgedicht auf seinen Bruder Hasan (18). Ali starb Freitag den 3. Ramadhân 1096 (3. Aug. 1685) in Ta'izz und wurde hier begraben.

§. 17. *Muhammed ben Ismâ'îl.*

19. Muhammed ben Ismâ'îl el-Mutawakkil ben el-Câsim hatte von Kindheit an einen frommen, gottergebenen Sinn gehabt und sich jugendlichen Ausschreitungen nie hingegeben; er war im Coranlesen von dem Cadhi Ahmed ben Sa'd ed-dîn und dem gelehrten el-Hasan ben el-Muṭahhar el-Gurmûzí, in den Traditionen von dem ersten Schâfi'itischen Traditionslehrer in Jemen Abd el-'azîz el-Mufti, dem Scheich Ahmed ben Omar el-Ḥubeischí u. A. unterrichtet. Im J. 1066 (1656) machte er etwa 17 Jahre alt die Wallfahrt in Begleitung mehrerer angesehener Personen und hörte die Gelehrten der beiden heil. Städte. In der Folge übertrug ihm sein Vater mehrere wichtige Geschäfte und für lange Zeit die Verwaltung von Çan'â, und in allen Städten, wohin er kam, schaffte er die Nachsteuer, welche die Einnehmer für sich erhoben, und andere ungerechte Belästigungen ab. Nach dem Tode seines Vaters wurde ihm das Imamat angeboten, er schlug es aus und Ahmed ben el-Hasan erhielt es. Als auch dieser starb, vereinigten die Mitglieder der regierenden Familie, die 'Ulemâ's und das Volk ihre Stimme auf ihn, ohne dass jemand widersprochen hätte, sie wählten ihn zum Imâm und er folgte in der Regierung dem guten Beispiele seiner Vorfahren. Er suchte die Wissenschaften neu zu beleben, verbesserte die hohen Schulen, zog Gelehrte heran, sorgte für die Bedürfnisse der angesehenen Beamten, verhalf den Unbemittelten zu ihrem Recht und befahl alle unrechtmässige Belästigungen zu unterlassen. Aber bei allen seinen umfassenden Kenntnissen fehlte es ihm an einer festen Willenskraft und er scheute sich durchgreifende Massregeln in Anwendung zu bringen besonders bei seinen nächsten Verwandten, und wenn er jemand zu ihnen schickte und ihnen befehlen liess, diese oder jene ungerechte Behandlung aufzuheben, kamen sie dem zum Scheine nach, sobald aber der Beauftragte sich entfernte, kehrten sie zu ihrer früheren Ungesetzlichkeit zurück. Da ein jeder von ihnen seine Hand auf irgend eine Gegend ausgebreitet hielt, so mehrten sich dadurch die Unruhen, der Imâm beabsichtigte mit Gewalt durch allgemeine Verordnungen gegen sie einzuschreiten.

aber seine Regierung war zu kurz, er starb am 3. Gumâdá II. 1097 (27. April 1686).

§. 18. *Muhammed ben Ahmed.*

20. Nach dem Tode des Muhammed ben Ismâ'îl wurde sein Vetter Muhammed ben el-Mahdi Ahmed zum Imâm gewählt, der grösste Theil der herrschenden Familie und der Grossen des Reiches huldigte ihm und die Städte gehorchten ihm einige Monate. Da man aber mit ihm nicht zufrieden war, weil er sich um die Regierungsgeschäfte nicht bekümmerte, stand sein Sohn 21. Abdallah gegen ihn auf mit mehreren seiner Brüder und der verwandten Nachkommen des Imâm Ismâ'îl el-Mutawakkil; sie erklärten Muhammed für abgesetzt und übertrugen das Imamat dem

§. 19. *Júsuf ben Ismâ'îl.*

22. Die Unterthanen und der grösste Theil der Familie huldigten ihm und die von ihm ernannten Verwalter nahmen Besitz von den Städten. Er rüstete ein Heer aus gegen den Imâm 23. Muhammed ben Ahmed und belagerte ihn in der Burg der Festung Mançûra; dann verstärkte sich seine Macht und nach einer zweiten Erhebung unterwarf sich ihm ganz Jemen, er übernahm die Regierung und das Volk huldigte ihm freiwillig oder gezwungen.

Hier bricht *Muhibbi* den Artikel ab, weil er ans Ende des Jahrhunderts gekommen ist und zu seiner Zeit in Damascus die Nachrichten über die Vorgänge in Jemen nicht weiter reichen mochten; ohnehin sind dies schon Nachträge, da er sein Werk bereits im J. 1096 abgeschlossen hatte und ins Reine schrieb. — Es sind noch einige Verwandte aus einer Nebenlinie der Imâme zu erwähnen, welche mehr oder weniger sich auszeichneten.

24. 'Âmir ben Ali ben Muhammed ben Ali ben el-Raschîd war im J. 965 (1558) geboren, lernte das Lesen des Coran bei dem Cadhi Abd el-rahman in Mahrifa und las darauf die Bücher über Grammatik, Poësie und den Coranecommentar *Kaschschâf Detector* des Zamachscharí bei dem Prinzen Othmân ben Ali ben el-Imâm Scharaf ed-dîn in Schibâm, wo er dann mit seiner Familie wohnte und den

Wissenschaften oblag. Als der Imâm el-Câsim ben Muhammed den Aufruf zum Kampfe gegen die Türken erliess und auch an 'Âmir schrieb, kam er nach Schúdsa Schaṭab und führte ein Armeecorps mit sich, womit er einen grossen Theil der Länder der Emire aus der Familie Scharaf ed-dîn, welche es mit dem Wezir Hasan Pascha und seinem General Sinân hielten, eroberte, und dies dauerte vom Jahre 1006 bis 1008 (1597—99). Dann fiel ein grosser Theil der Bewohner von Çan'â, wo er doch auch durch seine Verheirathung mit der Tochter eines angesehenen Einwohners auf Unterstützung hätte rechnen können, von ihm ab, seine Anhänger trennten sich von ihm und liessen ihn allein; ein Haufe Türken stellte ihm nach, sie umringten ihn, nahmen ihn gefangen und brachten ihn nach Schibâm. Der damalige Emir von Kaukabân Ali ben Schams ed-dîn liess ihn in Kaukabân und Schibâm umherführen und schickte ihn dann nach Ḥamûma im Districte von Chamir im Bezirk der Banu Çuweim, wo der General Sinân sich damals aufhielt. Dieser befahl an ihm ein Exempel zu statuiren, es wurde ihm täglich ein Stück Haut abgezogen und Salz in die Wunden gestreut, er ertrug diese Marter standhaft, kein Seufzer, keine Klage kam über seine Lippen, nur die Worte (Sure 6,19): »sprich: Allah ist nur einer«, hörte man ihn sagen, bis er Sonntag den 15. Rag'ab 1008 (31. Jan. 1600) seinen Geist aufgab. Seine Haut liess Sinân mit Stroh ausstopfen, auf ein Kamel setzen und zu dem Wezir Hasan nach Çan'â führen, wo sie rechts vom Thore nach el-Scharaf على الدعاير öffentlich ausgestellt wurde. Der Körper wurde in Ḥamûma begraben und später auf Befehl des Imâm el-Câsim nach Chamir gebracht, wo sein Grab besucht und in hohen Ehren gehalten wird und es werden bei ihm Gelübde gethan. Nachher liess ein Mann mit List die ausgestopfte Haut in die Umzäunung hinunterfallen und begrub sie heimlich; über dem Grabe ist ein Monument errichtet links vor dem Thore nach Zabîd. Eine Biographie des 'Âmir schrieb der Imâm el-Câsim in sein Exemplar des Werkes *el-Baḥr Mare*, eine andere der gelehrte Ahmed ben Muhammed el-Scharafî, und der Cadhi Ahmed ben Sa'd ed-dîn verfasste eine Caçîde zu seinem Lobe. — Sein Sohn

25. Abdallah ben 'Âmir ben Ali el-Jemeni war ein ausgezeichneter Dichter, welcher sich die alten Arabischen Dichter zum Muster genommen hatte. er scheute sich indess mit seinen Leistungen hervorzutreten. bis sein Sohn 26. Abu Turâb Ali starb, dessen Verlust er tief beklagte und auf welchen er viele Traueroden dichtete. Ausserdem besass er drei Eigenschaften, durch welche er einzig dastand: er schrieb eine wunderbar schöne Handschrift, war ein ausgezeichneter Schütze, der im Kugelschiessen von keinem übertroffen wurde, und im Reiten kam ihm keiner gleich. Im Schreiben und Schiessen suchte er sich immer noch mehr zu vervollkommnen; er erfuhr, dass nicht weit von Çan'â in der Stadt Dseibân bei dem Grabmonumente des Imâm Ahmed ben el-Husein zwei Männer lebten. von denen der eine durch seine schöne Handschrift, der andere im Schiessen sich auszeichne. Abdallah begab sich nach Dseibân um ihnen einen Wettkampf anzubieten. er fand sie so, wie sie ihm beschrieben waren, aber er übertraf beide. Er blieb in Dseibân einige Tage gegen den Willen des Imâm el-Câsim, welcher ihn mit einem Auftrage an den Cadhi el-Hâdí ben Abdallah ben Abul-Rigâl abgeschickt hatte, und er verweilte dann einige Zeit bei diesem. Er suchte die beiden Werke *Muntachab Delectus* und *Ahkâm Canones* in eins zu vereinigen, indem er nach Gutdünken eins von beiden abkürzte. und gab seinem Buche den Titel التصريح بالمذهب الصحيح *Clara expositio de regula vera*, der Imâm Muhammed el-Muajjid billigte indess dies Verfahren nicht. Er starb im Ragab 1061 (Juni 1651) in Ḥut, wo er abwechselnd mit Ḥigrat el-Ḥumûs im Gebiete Gadad gewohnt hatte. — Sein Neffe

27. Ibrâhîm ben Ahmed ben 'Âmir ist oben (§. 14) als Anhänger des Ahmed ben el-Câsim erwähnt.

28. Muhammed ben Ahmed ben el-Imâm el-Ḥasan ben Dâwûd[1]) el-Jemeni musste nach dem frühen Tode seines Vaters gegen die

---

1) Die weitere Genealogie ist: ben el-Ḥasan ben el-Imâm el-Nâçir ben el-Imâm 'Izz ed-din ben el-Ḥasan ben Ali ben el-Muajjid ben Gabrîl ben Muhammed ben Ali ben el-Imâm el-Dâ'i Jaḥjâ ben el-Muḥsin ben Jaḥjâ ben Jaḥjâ ben el-Nâçir ben el-Ḥasan ben el-Emir el-Mutadhid billahi Abdallah ben el-Imâm el-Muntaçir lidînillahi

Noth der Zeit ankämpfen und in seiner ersten Jugend manche Schwierigkeiten bestehen, die er standhaft überwandt; daneben suchte er sich wissenschaftlich auszubilden, bis er es zu einer Vollkommenheit brachte, wie sie wenige erreichen. Er studirte in Çan'â und Ça'da, nahm oft an den Repetitionen Theil und sein Haus wurde der Sammelplatz der angesehenen Männer; daneben war er ein tüchtiger Anführer der Truppen und betheiligte sich an schwierigen Unternehmungen wie einer der Söhne des Imâm el-Câsim, zu denen er sich selbst rechnete und die ihn als einen der vorzüglichsten unter sich betrachteten. Während der Regierung des Imâm Ismâ'îl el-Mutawakkil gehörte er zu den angesehensten des Reiches, er erhielt von ihm ausser el-'Uddîn die Verwaltung von Heis in Tihâma und der Hafenstadt Mocha, und in dieser Zeit lebte er in den glücklichsten Verhältnissen und hatte mit keinerlei Unannehmlichkeit zu schaffen. Von seiner wissenschaftlichen Thätigkeit zeugt ein Commentar zu der Grammatik *Kâfija* des Ibn Ḥâgib und ein Commentar zu der *Hidâja* über die Jurisprudenz; er war ein Freund der Poësie und hat selbst nette Gedichte gemacht. Bei der grossen Wallfahrt, welche sehr viele aus der Familie el-Câsim und andere hervorragende Personen (vermuthlich im J. 1053) unternahmen, unter ihnen die Prinzen Ahmed ben el-Hasan, Muhammed ben el-Husein ben el-Câsim und Muhammed ben Ahmed ben el-Câsim und von den höheren Beamten der Cadhi Ahmed ben Sa'd ed-din, stellte der Imâm Muhammed el-Muajjid unseren Muhammed ben Ahmed als Emir an die Spitze. Kurz seine guten Eigenschaften und Vorzüge sind zahlreich. Er starb Mittwoch den 18. Dsul-Ḥigga 1062 (2. Dec. 1652) in Mocha und wurde seiner letztwilligen Bestimmung gemäss nach Ḥeis gebracht und dort in dem Grabe, welches er sich hergerichtet hatte, begraben.

ben el-Imâm el-Muchtâr lidînillahi el-Câsim ben el-Imâm el-Nâçir lidînillahi Ahmed ben el-Imâm el-Hâdî ilalḥakk Jaḥjá ben el-Husein ben el-Câsim. Bei el-Nâçir Ahmed ben el-Hâdi Jaḥjá trifft diese Linie mit der obigen S. 58 zusammen.

III. Die Gelehrten.

Über die wissenschaftliche Bildung der Araber in Jemen fehlt es uns an zusammenhängenden Nachrichten, Städte wie Damascus, Bagdad, Câhira, von denen die geistige Cultur nach allen Seiten verbreitet wurde, gab es dort nicht; wenn auch das Land nicht aus dem allgemeinen Weltverkehr ausgeschlossen war, sondern vielmehr Jahrhunderte lang die Beziehung zwischen Indien auf der einen und Ägypten und Syrien auf der anderen Seite vermittelte, so waren es doch nur die Häfen am rothen Meere und einige Städte an den Carawanen-Strassen, welche durch Handelsinteressen mit den anderen Muhammedanischen Reichen in Verbindung standen. Indess ganz ohne geistige Thätigkeit blieb es in Jemen nicht, nur dass sie schon früh durch das Sectenwesen und den Hang zum Mysticismus in eine falsche Bahn gerieth. Vereinzelt sehen wir auf den Wallfahrten in Mekka oder auf Reisen in anderen Städten Jemenische Gelehrte auftauchen, welche durch ihre Kenntnisse Bewunderung erregen, sie müssen also Gelegenheit gehabt haben, sich solche Kenntnisse zu erwerben, und es finden sich auch hier und da Andeutungen, dass Gelehrte öffentlich Unterricht ertheilten. Etwas bestimmtere Nachrichten hierüber haben wir aus dem X. und XI. Jahrhundert d. H. Mehrere der kleinen Fürsten, welche sich in die Regierung des Landes theilten, suchten nach orientalischer Weise Gelehrte an ihre Höfe zu ziehen, welche in ihrer Gegenwart Disputationen über wissenschaftliche Fragen halten mussten, und an Schöngeistern fehlte es dabei nicht, welche ihre poëtischen Erzeugnisse vortrugen und darin wetteiferten. Die Gelehrten vereinigten dann auch Schüler um sich, denen sie Vorlesungen hielten, aber stehende öffentliche hohe Schulen, wie sie sogar in Hadhramaut bestanden, scheint es in Jemen kaum in einigen der grösseren Städte und hier auch nur vorübergehend gegeben zu haben. In den vorhergehenden und nachfolgenden Biographien wird nirgends eine Schule mit einem Namen erwähnt, wie sonst nach den Stiftern, nur einmal ist von »verkommenen« Unterrichtsanstalten, einmal von Verbesserung der hohen Schulen die Rede, nur einer der

Gelehrten wird als öffentlich angestellter Lehrer und nur einer als Professor bezeichnet. Die beständigen Kriege waren den Studien nicht günstig und nur aus der den Arabern eigenthümlichen Neigung zu ernsten Forschungen und daraus, dass die Imâme selbst Gelehrte und Beförderer der Wissenschaften waren, die es nicht unter ihrer Würde hielten, selbst öffentlich Vorträge zu halten, Unterricht zu ertheilen und gelehrte Bücher zu schreiben, ist es erklärlich, dass sich in mitten aller Unruhen noch soviel Sinn und Lust zu den Werken des Friedens erhalten hat, als wir hier wahrnehmen. Es gab sehr viele Privatgelehrte und Männer in anderen Berufskreisen, besonders Cadhis, Prediger und Vorleser an den Moscheen, welche junge Leute um sich versammelten und in den verschiedensten Wissenszweigen unterrichteten; die Türken haben in Jemen für die Pflege der Wissenschaften fast gar nichts gethan. Die im folgenden aufgeführten Männer, von denen manche auch eine politische Rolle gespielt, sich den Jmâmen als Rathgeber sehr nützlich erwiesen, oder gar als tapfre Krieger sich ausgezeichnet haben, sind nach ihren Todesjahren geordnet, um die gleichzeitigen so ziemlich hinter einander folgen zu lassen, nur die aus ein und derselben Familie sind gleich zusammengestellt. Einige ganz unbedeutende sind übergangen, andere nur desshalb aufgenommen, weil in Verbindung mit ihnen sonst nirgends erwähnte, noch ganz unbekannte Ortschaften genannt werden. Ein alphabetisches Verzeichniss der Namen ist angehängt.

---

29. Abd el-malik ben Abd el-salâm ben Abd el-ḥafîdh ben Abdallah Ibn Da'sein ben Abdallah el-Omawi, dessen Stammbaum durch 21 Generationen bis auf Châlid ben Asid, den Zeitgenossen des Propheten und damit auf die Omeijaden Familie zurückgeführt wird, gehörte zu dem in Jemen berühmten Stamme der Banu Da'sein, aus welchem mehrere Präfecten und Gelehrte hervorgegangen waren, deren Leben Abd el-malik in einem besonderen Werke beschrieben hat unter dem Titel *Refrigeratio oculi per cognitionem Da'seinidarum*[1]. Er war in

1) *Hagi* 9465 wird dieses Werk seinem Sohne Muhammed ben Abd el-malik

allen Zweigen der Wissenschaft bewandert: Traditionen, Coranerklärung, Jurisprudenz, Çufismus, Mathematik, Erbrecht, Grammatik, Lexicographie, Astronomie, Geschichte, Genealogie, Poesie und Metrik und schrieb Bücher in vielen von diesen Fächern, wie منحة الملك الوهّاب *Donum regis liberalis in commentario libri Pulchritudinum doctrinae flexionum finalium* (*Ḥaǵi* 12573); Commentar zu der Caçîde des Bûçîrî gegen die Mu'allaca des Ka'b ben Zuheir *Bânat Su'âd*, unter dem Titel اعداد الزاد بشرح ذخر المعاد فى معارضة بانت سعد *Praeparatio viatici in commentario ad thesaurum vitae futurae in refutanda Mu'allaca Bânat Su'âd*[1]; er verfasste auch einige Gedichte. Er war vom Scheitel bis zur Fusssohle ein in jeder Hinsicht vollkommener Mann, starb 54 Jahre alt am 20. Rabî' I. 1006 (31. Oct. 1597) und wurde auf dem Begräbnissplatze der Hafenstadt Mochâ begraben.

30. Ali ben Ibrâhim ben Ali ben el-Mahdi ben Çalâḥ ben Ali ben Ahmed ben Muhammed ben Ga'far[2]) el-Câsimí, gen. el-'Âlim »der Gelehrte«, wurde Donnerstag d. 13. Çafar 930 (22. Dec. 1523) in Higrat el-Gâhilí im Gebiete von el-Schâhil geboren und hier von seinem Oheim Çalâḥ ed-dîn ben Ali ben el-Mahdi erzogen, welcher einer der angesehensten Beamten des Imâm Scharaf ed-dîn war und von ihm zum Cadhi des Gebietes el-Scharaf und zum Verwalter der von ihm gemachten Stiftungen ernannt wurde. 'Ali begab sich zum Studiren nach Çan'â und kehrte, nachdem er sich in den juristischen Wissenschaften vollkommen ausgebildet hatte, in seine Vaterstadt zurück. Als Scharaf ed-dîn des grössten Theiles seines Reiches beraubt war, und viele Ge-

---

zugeschrieben; anstatt دعين *Duain, Douin, Dayan* ist دعسين *Da'sein* zu lesen بفتح السين, ebenso Nr. 8185. 8194.

1) *Ḥaǵi* 9447. 5782 ebenfalls dem Sohne Muhammed zugeschrieben; anstatt *Duein* ist auch hier *Da'scin* zu lesen.

2) Das Grab dieses Imâm Muhammed b. Ga'far am Berge Ḥarâm im Gebiete von el-Scharaf, über welchem ein grosses Monument errichtet ist, wird wie das eines Heiligen besucht; die weitere Abstammung ist ben el-Husein b. Fuleita b. Ali b. el-Husein b. Abul-Barakât b. el-Husein b. Jaḥjâ b. Ali b. el-Câsim b. Muhammed b. el-Câsim (el-Rassí), mit welchem sich die Genealogie an den Hauptstamm anschliesst. Vergl. Genealog. Tab. Z 28.

lehrte von Ça'da flüchteten um den Aufständischen zu entgehen, kamen zu Ali ben Ibrâhîm mehrere derselben, welche zu den Familien 'Allâf und Banu 'Ocba gehörten, aus deren Umgange er seine Kenntnisse vermehrte. Unter den jüngeren, welche dann seine Schüler wurden, befanden sich el-Hâdi ben el-Hasan aus Higrat Banu Asad, Schams ed-dîn Çalâḥ ben Jûnus Besitzer von Higrat Aslam, el-Muṭahhar ben Scharaf ed-dîn Jaḥjá, Ahmed ben el-Husein ben Ali Besitzer von Higrat el-Chawâki' am Berge el-Schâhil u. A. Seine Vorlesungen betrafen den Commentar des Ibn Miftâḥ zu den ازهار *Flores* des Imâm el-Mahdî. التذكرة *Liber memoralis* und البيان *Expositio*. Als nach dem Tode des Muṭahhar ben Scharaf ed-dîn im J 980 (1572) in der Gegend von el-Scharaf unerträgliche Gewaltthaten verübt wurden besonders durch den Verwalter Margân in den Districten des Gauth ed-dîn ben el-Muṭahhar, verliessen 500 streitbare Männer der dortigen Nomaden Araber ihr Land und begaben sich zu Ali el-'Âlim und seinem Enkel Ahmed el-'âbid nach el-Maḥâbischa und vereinigten sich mit den bei ihnen schon versammelten am Berge el-Gâbisch und der Vortrab besetzte die Festung el-Câhira in el-Maḥâbischa. Margân stiess mit einem Corps seiner Truppen auf sie, griff sie an und tödtete ihnen fünf Mann, die übrigen hielten nicht Stand, sondern ergriffen die Flucht und die Bewohner von el-Maḥâbischa liessen sie treulos im Stich, indem sie die Zusage, sie bei ihrem Aufstande zu unterstützen, nicht hielten. Dann griff Margân auch den Stamm el-Amrûr an und tödtete 20 Mann und Ahmed el-'âbid ben Ibrâhîm flüchtete nach Gifâr und fing hier wieder an zu unterrichten, während Ali el-'âlim in seine Heimath zurückkam und seine Lehrstunden wieder aufnahm. Hierauf flüchtete er mit seinen Kindern und Hausgenossen nach Ḥagûr el-Islâm und begab sich nach Cofl Madûm zu Gauth ed-dîn ben el-Muṭahhar, welcher ihm eine feste Anstellung als Lehrer gab und ihn zu seinem Leibwächter machte. Bei dem Aufstande des Imâm el-Nâçir lidînillahi Hasan ben Ali ben Dâwûd (S. 31) erhob auch Ali sich in der Gegend von el-Scharaf für ihn, und als der Imâm im J. 993 (1585) gefangen genommen wurde (S. 37), ging Ali zu el-Câsim ben Muhammed über, dessen Lehrer er gewesen war unterstützte ihn mit Geld aus den Stiftungen, Almosen und Weihgeschenken und brachte für ihn eine Truppe von 60 Bewaffneten aus seiner Gegend zusammen, und nun war sein Wunsch erfüllt, dass er nicht eher sterben möchte, bis einer aus der heil. Familie gegen die Türken aufgestanden sei. Er starb im Rabi' II. 1006 (Nov. 1597) und wurde in Higrat el-Gâhilí begraben, wo sein Grabmonument besucht wird.

31. Er hinterliess zwei Söhne, Badr ed-dîn Muhammed und Çârim ed-dîn Ibrâhîm. Der erste machte sich als gelehrter Fakîh bekannt, unterrichtete unter anderen den Prinzen Husein ben el-Câsim 4) im Erbrecht und wurde von dem Imâm el-Câsim zum Cadhi des Gebites el-Scharaf ernannt. Abd el rahîm ben Abd el-rahman ben el-Mutahhar hatte ihn bei den ersten Friedensverhandlungen mit den Türken als Abgesandten hingeschickt und sie kamen durch ihn zum Abschluss. Danach blieb er für das Gemeinwohl der Muslimen und als Professor thätig, bis er ums J. 1032 (1622) zur ewigen Wohnung einging. Von seinen Nachkommen lebten im J. 1081 (1670) gegen 80 männliche Personen, darunter der gelehrte Ahmed ben Çalâh ben Muhammed ben Ali, welcher unter dem Mufti von Çan'â Muhammed ben 'Izz ed-dîn studirte, nach sieben Jahren nach seiner Vaterstadt el-Higra zurückkehrte und zuerst Lehrer der Jurisprudenz, dann Cadhi des Gebietes von Unter-Scharaf wurde.

32. Çârim ed-dîn Ibrâhîm, der zweite Sohn des Ali ben Ibrâhîm, war schon im J. 1012 (1603) auf der Wallfahrt in der Stadt Hût gestorben. Er hatte sechs Söhne, der älteste Scharaf ed-dîn ben Ibrâhîm wurde nach dem Tode seines Oheims Muhammed ben Ali dessen Nachfolger als Cadhi unter dem Imâm Muhammed el-Muajjid, bis er 86 Jahre alt mit Hinterlassung von 14 Söhnen im J. 1074 (1663) starb. — Der zweite Sohn Schams ed-dîn ben Ibrâhîm ben Ali el-'âlim, ein ebenso gelehrter als gottesfürchtiger Mann, hatte kein Verwaltungsamt, zeichnete sich aber in den Kriegen durch seinen Heldenmuth aus und starb 65 Jahre alt im J. 1054 (1644). — Die anderen vier Söhne des Ibrâhîm hiessen Muhammed, Ahmed mit dem Beinamen el-'Âbid »der fromme«, Çalâh und el-Husein, als deren Nachkommen in einer

alphabetisch geordneten Chronik des Ahmed ben Huscin ben Ibrâhîm, eines Sohnes des zuletzt genannten Huscin, 75 ältere. mittlere und jüngere Familienglieder namhaft gemacht werden.

33. Der Prinz Muhammed ben Abdallah ben el-Imâm Scharaf ed-dîn el-Kaukabâní aus der Familie der Fürsten von Kaukabân hatte mit grossem Eifer den Studien obgelegen und besonders die schönen Wissenschaften mit solchen Erfolge getrieben, dass er als Dichter die höchste Stuffe erreichte; er starb im Gumâdá I 1010 (Nov. 1601).

34. Muhammed ben Abd el-câdir ben Ahmed ben Abu Bekr Ibn Isrâîl el-Jemení. ein vielseitiger Gelehrter, hat eine Anzahl von Büchern in verschiedenen Wissenschaften geschrieben, wie einen Commentar über die ungebräuchlichen Ausdrücke im Coran unter dem Titel شذور الابريز فى لغات الكتاب العزيز *Particulae auri purissimi de vocibus libri eximii:* رسالة فى القهوة Abhandlung über den Caffe: المشمة النفاحه بتحقيق المساحه *Odor diffusus de cognitione geodaesiae*, aus vielen Büchern gesammelt und gemeinfasslich dargestellt: gute Gedichte. Er starb Mittwoch (?) d. 18. Ragab 1015 (19. Nov. 1606) und wurde in dem Parke der Banu Isrâîl begraben.

35. Abd el-'azîz ben Muhammed ben Jaḥjá Bahrân el-Tamîmí aus Baçra stammend, ein sehr vielseitig gebildeter Gelehrter und besonders als Lehrer der Traditionen und der Coranerklärung berühmt. lebte zu Ça'da. machte sich hier durch die Anlage von Wasserleitungen sehr verdient und starb Mittwoch (?) d. 8. Ragab 1016 (29. Oct. 1607).

36. Abdallah ben Abdallah Ibn el-Mahlâ ben Sa'îd ben Ali el-Nîsâí[1]) el-Scharafí el-Ançârí el-Chazragí wurde im Çafar 950 (Mai 1543) in der Stadt el-Wa'lija in Ober-Scharaf geboren und hier besonders in den Traditionen von seinem Vater und mehreren anderen älteren Gelehrten unterrichtet. Dann bereiste er in Begleitung seines Vaters die grösseren Städte um sich weiter auszubilden und lernte die verschiedenen Theile der Arabischen Sprachwissenschaft bei Abdallah und Ibrâhîm den Söhnen des Râgib; in Gurfa 'Afâr besuchte er die

1) Der Name wird nicht erklärt und lautet bei seinem Bruder (39) el-Mîsâí.

juristischen Vorlesungen des Cadhi Ali ben 'Atfallah, in el-Dhufr las er الأزهار *Mare* bei Ahmed ben el-Muntaçir el-Garbâbí. Dann kam er nach seinem Geburtsorte el-Wa'lîja zurück und las mit el-Hasan ben Ali abwechselnd العضد *el-'Adhud* (*Ha'gi* 13126 S. 172) und den Corancommentar *el-Kaschschâf* bei el-Hâdi el-Waschalí. Auf einer Reise ins Gebirge Tanas las er Bochârí, Muslim, die *Clara expositio principiorum de traditionibus* des Hibatallah (*Ha'gi* 2437) und andere Bücher bei dem Fakíh Abd el-rahman el Nazîlí, und kam dann wieder nach el-Scharaf, wo der Imâm el-Câsim und der Prinz Emir ed-dîn die *Principia juris* bei ihm hörten, und im J. 995 (1587) ging er nach Çan'â hinauf, wo bei einem mehrtägigen Aufenthalte viele seine Vorlesungen besuchten, bis er sich mit seinen Kindern in el-Ah'gar, einer Stadt im Gebiete des Kaukabân, niederliess. Hier blieb er neun Jahre und hatte einen grossen Zulauf von Studirenden aus Çan'a, el-Ahnûm, Bilâd Anis, el-Heima, el-Scharaf, Schibâm[1], und Kaukabân und in der Zwischenzeit las er selbst noch den Tractat *el-Schamsîja* (*Ha'gi* 7667) bei dem Scheich Na'gm ed-dîn el-Baçrí, welcher im J. 1000 nach Jemen gekommen war. Ibn el-Mahlâ kehrte dann in seine Vaterstadt zurück, wo er die übrige Zeit seines Lebens blieb, als Lehrer eine grosse Berühmtheit erlangte und mit den ersten Gelehrten seiner Zeit einen schriftlichen Verkehr unterhielt, unter denen besonders Muhammed ben Ahmed el-Rûmí el-Hanefí[2], Sa'd ed-dîn und dessen Bruder Ali, die beiden Söhne des Husein el-Miswar (41) genannt werden. Die meisten höheren Beamten seiner Zeit beehrten ihn in seinem Hause mit ihrem Besuche; auch der Wezir Ga'far Pascha hatte gewünscht seine Bekanntschaft zu machen, als er nach Çan'a kam, es war aber nicht leicht mit ihm zusammen zutreffen, bis ihm gerathen wurde, den Gelehrten durch ein Geschenk zu veranlassen zu ihm zu kommen. Ibn el-Mahlâ lehnte das Geschenk ab, reiste aber sogleich zu dem Wezir, welcher ihn sehr

---

1) Im Druck sind die Buchstaben versetzt in بشام Bischâm.

2) Wahrscheinlich ist hierunter Muhammed der Sohn des bekannten Ahmed Täschköprizâdeh zu verstehen, welcher im J. 1030 (1621) starb.

ehrenvoll empfing, ihm alles zukommen liess, wass er bedurfte, wie es seinem Range entsprach, und ihn in den Kreis seiner Hofgelehrten aufnahm, obgleich er deren schon eine grosse Anzahl hatte. Eines Tages wollte der Wezir seine gelehrte Umgebung auf die Probe stellen und schrieb eine von ihm selbst erfundene Tradition wörtlich auf und dictirte sie: die anwesenden Fakîhs beeilten sich sie nachzuschreiben und dankten dem Wezir für die Mittheilung, durch welche sie sich sehr geehrt fühlten. Nur Ibn el-Mahlâ war unbeweglich geblieben und hatte nicht nachgeschrieben, und auf die Frage nach dem Grunde antwortete er: Du hast deine Weisheit zum besten gegeben, die Versammlung hat es nachgeschrieben, Ich habe es meinem Gedächtnisse eingeprägt. Der Wezir merkte, dass er die Sache durchschaut habe, lobte ihn und sagte: Dieser ist der klügste, die Tradition ist nicht ächt, ich wollte euch damit nur auf die Probe stellen. — Seine Söhne und Enkel zeichneten sich ebenso als hervorragende Gelehrte und als Schriftsteller aus und er starb 78 Jahre alt im Dsul-Ḥig'ga 1028 (Nov. 1619) in el-Schag'a und wurde dort in el-Asch'âf begraben; sein Sohn der Cadhi Abd el-ḥafidh dichtete zu seinem Lobe eine lange Caçide. — Dieser Sohn

37. Abd el-ḥafidh ben Abdallah el-Mahlâ el-Hadawí el-Scharafí war einer der grössten Gelehrten seiner Zeit und besass umfassende Kenntnisse in den verschiedensten Wissenschaften, wie Coranexegese, Traditionen, Jurisprudenz, Etymologie, Flexionslehre, Stilistik, Rhetorik, Metrik u. s. w. Den ersten wissenschaftlichen Unterricht erhielt er von seinem Vater und hörte bei ihm viele Bücher über die verschiedenen Zweige der Jurisprudenz, wie الازهار *Flores* des Imâm el-Mahdî mit dem Commentare des Ibn Miftâḥ; التذكرة *Liber memorialis* des Fakîh Hasan und الكواكب die *Stellae* dazu; الاحكام *Statuta* des Hâdi ilâ-l-ḥakk Jaḥjâ ben Husein mit dem Commentare des Cadhi Zeid mit Ausnahme des letzten Viertels; البيان *Expositio* des Ibn Mudhaffar und dessen التبيان *Clara expositio*; البستان *Hortus* und البحر الزخار *Mare exundans* von dem Imâm el-Mahdi mit dem Commentare des Prinzen 'Izz ed-dîn und des Ibn Murassin; الاثمار *Fructus* des Imâm Scharaf ed-dîn mit dem Commentare des Ibn Bahrân und desselben تخريج احاديث البحر *Traditiones*

ex libro Maris excerptae und andere juristische Monographien; über die Fundamente der Rechtswissenschaft hörte er viele Bücher, wie المعيار *Examen justum* mit dem Commentare المنهج *Via aperta* von dem Imâm el-Mahdî: الفصول *Sectiones* mit den Glossen und مختصر المنتهى *Compendium Summi* von Ibn el-Ḥâġib mit dem Commentare des 'Adhud ed-dîn und der Glosse des Taftâzânî (*Ḥaġi* 13126); الرفو *Reparatio* des Neisâbûrî: الكامل *Perfectum* des Ibn Bahrân: über Grammatik الكافية *Liber sufficiens* des Ibn el-Ḥâġib mit den Commentaren des Radhî ed-dîn (*Ḥaġi* 9707), des Ibn Jaǧǧâḥ und el-Raççâç und der Glosse des Mufti dazu; الخبيصى *el-Chabîçî*; الطاهرية *el-Ṭâhirija* mit dem Commentare: الفصل *Distinctio* mit den Commentaren über die Vulgärspräche: über die Flexionslehre الشافية *Institutio sanans* (des Ibn el-Ḥâġib) mit dem Commentare des Radhî ed-dîn und Rukn ed-dîn (*Ḥaġi* 7375): über Stilistik die *Succincta expositio* (des Cazwînî) mit dem ausführlichen und dem abgekürzten Commentare des Taftâzânî (*Ḥ.* 3541): die *Clavis* des Sakkâkî (*Ḥ.* 12578); über Lexicographie *Institutio sufficiens mandantis memoriae* (*Ḥ.* 10812); *Lux intelligentiarum* (*Ḥ.* 7862): *Câmûs Oceanus ambiens: Diwanus philologicus* (*Ḥ.* 5278); *Ordo verborum singularium* (*Ḥ.* 13847): die Makamen des Ḥarîrî mit dem Commentare des Mas'ûdî (*Ḥ.* T. V. pag. 62); über das Erbrecht die *Clavis* des Gadhanfarî und des Schâṭirî und den Commentar des Châlidî: الوسيط *Liber medius* des Cadhi Ahmed ben Nasr und den Commentar des A'raġ zu der *Clavis*: über Coran-Erklärung *el-Kaschschâf Detector* des Zamachscharî; الثمرات *Fructus* des Fakîh Jûsuf; تجريد الكشاف *Clara expositio Detectoris* und *Firmitas* des Sujûṭî (*Ḥ.* 65); الخمساية *Quingenti* (*versus*) des Na'gari: تهذيب الحاكم *Correctio Ḥâkimi*; die Commentare des Bagawî und Beidhâwî; über Logik die *Isagoge* mit dem Commentare des Kâtî (*Ḥ.* 1533); die *Schamsîja* mit dem Commentare des Cuṭb ed-dîn (*Ḥ.* 7667): die *Correctio critica* des Sa'd ed-dîn el-Taftâzânî mit dem Commentare des Schîrâzî und Jazdî (*Ḥ.* 3786); über Metrik المختصر الشافى *Compendium sanans* des Ibn Bahrân; über die richtige Lehre التصفية *Purificatio* des Imâm Jaḥjâ: الارشاد *Directio* des 'Absî; كنز الرشاد *Thesaurus orthodoxorum* des Imâm 'Izz ed-dîn; *Felicitas* des Ḥubeischî (*Ḥ.* 1786): über die Fundamente der Religion المعيار *Examen justum* des

Nagarí; المنهاج *Via recta* des Kureschí mit dem Commentare des Imâm 'Izz ed-dîn; *Commentarius fundamentorum quinque* (*H.* 851) von Mânkadîm; Commentar zu den قواعد *Fundamenta* des Nasafí von el-Taftâzâní. — Er hörte bei seinem Vater auch die Lebensbeschreibung Muhammeds von Ibn Hischâm, *Decus* (Leben und Wunder der Propheten) von el-'Âmirí (*H.* 1965) mit dem Commentare des Muhammed ben Abu Bekr el-Aschchar, das Geschichtswerk des Ibn Challikân und el-Rabí'; das auf *b* reimende Gedicht mit dem Commentare des Raçíf: von Traditionswerken اصول الاحكام *Principia judiciorum* des Imâm Ahmed ben Suleimân, الشفاء *Sanatio* des Emir Husein mit dem Supplement des Çalâḥ ben el-Ḥalâl, die Sammlungen des Bochârí und Muslim, die *Clara expositio principiorum* des Hibatallah el-Bârizí (*H.* 2437); auch über zahlreiche andere Vorträge stellte ihm sein Vater ein Diplom aus. Bei dem Imâm el-Câsim ben Muhammed ben Ali hörte er dessen الاساس *Fundamenta* in seiner Wohnung in der Festung Schahâra, worüber sowie über die mündlichen Überlieferungen er ihm ein Diplom ausstellte. Bei dem Imâm Muhammed el-Muajjid ben el-Imâm el-Câsim hörte er einen Theil von dessen علوم اهل البيت *Doctrinae familiae*; bei dem Prinzen Husein ben el-Câsim dessen غاية السول *Summum desiderium* mit den Dictaten zur Erleichterung; den längeren und den abgekürzten Commentar des Sa'd ed-dín el-Taftâzâní bei Ahmed ben Muhammed ben Çalâḥ und dem Cadhi el-Hasan ben Sa'íd el-Firaí: die *Isagoge* mit dem Commentare bei el-Nâçir ben Muhammed gen. Ibn bint el-Nâçir in Çan'â; Metrik bei dem Fakíh und Philologen Muhammed ben Abd el-wahhâb el-'Arúdhí. Den Coran nach der Überlieferung des Nâfi' las er bei dem Fakîh und Coranleser el-Mahdí in Çan'â, dem Fakîh Çalâḥ in der Moschee des Dâwûd daselbst und bei dem Fakíh Muhammed ben Çâliḥ el-Uçâbí aus Mekka; in Zabîd hörte er die Traditionen des Bochârí und Muslim, die kleine Sammlung des Sujûtí (*H.* 3912) mit dessen Anhange, die *Distinctio probi ab improbo inter traditiones* von el-Deiba' (*H.* 12664) und التيسير *Facilitatio*, eine Vereinigung der sechs grossen Sammlungen des Bochârí, Muslim, Ibn Mâlik, Abu Dâwûd, Tirmidsí und Nasâí, bei dem Imâm Muhammed ben el-Çiddík el-Châçç el-Ḥanefí im J. 1049 und 1050; die

Sammlung des Bochârí nochmals bei dem Fakîh Ali ben Ahmed el-Huscheibirí: die *Conjunctio collectionum* d. i. das juristische Compendium des Subki (*H.* 4161) bei Ahmed ben Abd el-rahman Muteir in Beit el-Fakîh el-Zeidîja und Zabîd. Alle diese Lehrer stellten ihm über das Gehörte Diplome aus und man wird daraus seine umfassenden Kenntnisse beurtheilen können. Er lehrte dann selbst in Zabîd, wo er Cadhi war, und wurde so berühmt, dass sehr häufig von auswärtigen Gelehrten Fragen an ihn geschickt wurden, die er beantwortete; auch hat er gut stilisirte Abhandlungen, vortreffliche Reden und ausgezeichnete Gedichte verfasst. Als er in der Nacht auf den Donnerstag den letzten Rabí' I. 1077 (30. Sept. 1666) starb, strömte von allen Seiten eine grosse Menge Menschen zur Leichenfeier herbei, und er wurde in el-Aschgâf im Bezirke von el-Schag'a begraben. Zu denen, welche Lobgedichte auf ihn machten, gehören sein Enkel der Cadhi Husein ben el-Nâçir, Gamâl ed-dîn Muhammed ben Çalâh ben el-Hâdî el-Waschalí, der Gelehrte Ali ben Muhammed ben Salâma in Çan'â, Jahjâ ben Ahmed el-Scharafí und der Cadhi Hifdhallah ben Muhammed Suheil. — Sein Sohn

38. el-Nâçir ben Abd el-Hafîdh el-Mahlâ el-Scharafí erhielt den Unterricht des Vaters, des Grossvaters und des gelehrten Muhammed ben el-Çiddîk el-Sirâg el-Hanefí in Zabîd, bekam noch von vielen anderen Lehrern Diplome über seine ausgezeichneten Kenntnisse und erlangte als Lehrer einen weitverbreiteten Ruf. Eine grosse Anzahl von Schülern kam aus allen grösseren Städten zu ihm und auch seine Schriften wurden weithin bekannt, wie المقرر والمحرر *Liber confirmatus et correctus* über die Lesarten des Coran; ارجوزة ein Ragaz-Gedicht über die Jurisprudenz; تكميل *Perfectio carminis el-Búsi* über Jurisprudenz; مختصر الاوايل *Compendium originum rerum*; eine Abhandlung als Antwort auf streitige grammatische Fragen des Imâm Muhammed el-Muajjid u. a.; auch hat er schöne Gedichte gemacht. Seine von ihm unterrichteten Söhne Husein, Hasan, Ali, Ahmed und Muhammed wurden ausgezeichnete Gelehrte und unter ihnen ist Husein der Verfasser einer Schrift الخمصة *Summa*. el-Nâçir hielt sich einige Zeit am Hofe des Imâm Muhammed el-Muajjid in Çan'â auf und hier lernte der Cadhi Ahmed Ibn

Abul-Rigâl noch manches von ihm. Er starb Freitag d. 1. Çafar 1081 (20. Juni 1670). — Seines Vaters Bruder

39. Ali ben Abdallah Ibn el-Mahlâ ben Sa'îd ben Ali el-Misâí el-Scharafí war in Kaukabân geboren und erzogen und studirte dann in Ça'da und Çan'â; seine Lehrer waren Muhammed ben Abdallah el-Mahlà, Abd el-Hafîdh ben Abdallah el-Mahlâ, Ali ben Muhammed el-Gamlûlí, der Mufti Muhammed ben 'Izz ed-dîn, 'Îsá ben Lutfallah u. A. Er kam als ausgebildeter Gelehrter nach Kaukabân zurück, verheirathete sich hier, siedelte aber mit seiner Familie nach Çan'â über; später nahm er seinen Wohnsitz in Schibâm, weil sein Vater in dem benachbarten el-Ahgar im Gebiete des Kaukabân wohnte. Dort wurde er von allen Seiten her von Schülern und Gelehrten aufgesucht und stiftete grossen Nutzen zur Zeit des Emir Abd el-rabb ben Schams ed-dîn ben Scharaf ed-dîn, bis er im J. 1049 (1639) in Çan'â starb und in Hazîba begraben wurde.

40. el-Haggâm ben Abu Bekr ben Muhammed el-macbûl ben Abu Bekr ben Muhammed ben el-Haggâm ben Omar ben Abul-Câsim, mit dem Beinamen »Schatzkammer der Geheimnisse« und Besitzer (Gründer) von el-Cutei', ben Abu Bekr el-mu'ammar ben Abul-Câsim ben Omar ben Scheich Ali ben Omar el-Ahdal[1]) aus der berühmten Çufiten-Familie in und bei Beit el-Fakîh. hatte nach dem aus den Überlieferungen entnommenen Urtheile des Fakîh Muhammed ben Omar Huscheibir in seinem Gange grosse Ähnlichkeit mit dem Propheten, indem er beständig nachlässig nach rechts und links schwankte. Er starb im Gumâdá I. 1030 (März 1621) und wurde bei seinen Vorfahren in der Einsiedelei el-Cutei' bei Marâwi'a begraben. Sein Vater Abu Bekr war im J. 1010 (1601) gestorben.

41. Ali ben Husein ben Muhammed ben Ali ben Muhammed ben Gânim ben Jûsuf ben Abd el-Hâdî ben Ali ben Abd el-'azîz ben Abd el-wâhid ben Abd el-hamîd jun. ben Abd el-hamîd sen. el-Miswarí. Dieser Abd el-hamîd stammte aus der Familie der Banu el-Munschâ,

1) Vergl. Die Çufiten Tab. VII. S. 111 und Nr. 188.

Fürsten von Miswar, einer Festung im Gebiete von Çan'â, deren Nachkommen theils noch dort, theils in dem benachbarten Wâdi 'Abâl-Ali leben. Die davon abgezweigten näheren Vorfahren des Ali ben Husein wohnten in Wâdi Çâra, wo sie als Cadhis unbestritten den ersten Rang einnahmen. Ali hielt sich einige Zeit in der Gegend von el-Wa'lîja in Ober-Scharaf auf, reiste dann nach Çan'â, wo er sich den Studien widmete und in allen Wissenschaften, besonders in den metaphysischen sich ausgezeichnete Kenntnisse erwarb. Dabei war er sehr fromm, hatte einen schönen Anstand und war bei allen beliebt, sodass man allgemein zu sagen pflegte, wenn Engel auf dieser Erde wandelten, so gehörte der Cadhi Ali ben Husein zu ihnen; auch der Imâm el-Câsim, welchen er zur Abfassung seines شرح الاساس Commentars über die *Fundamenta* ermuntert hatte, soll diese Worte gebraucht haben. Der gelehrte Schams ed-dîn, Lehrer des Geschichtschreibers Ahmed Ibn Abul-Rigâl, war einer seiner Schüler, und der Cadhi Çafî ed-dîn kam von Hagr Ibn el-Makrûm täglich nach el-Cadûm, so lange Ali sich hier aufhielt, las bei ihm den ganzen Tag und kehrte Abends nach el-Hagr zurück. Ali starb auf der Rückkehr von der Wallfahrt nach Mekka in der Stadt Çabjâ in dem Districte Michlâf Suleimânî am 24. Dsul-Ca'da 1034 (28. Aug. 1625) und wurde bei der sogen. Moschee 'Okeil begraben. — Sein Sohn Muhammed ben Ali war in den schönen Wissenschaften sehr bewandert, hatte einen angenehmen Vortrag beim Vorlesen und machte selbst gute Gedichte zur Belehrung des Volkes, auch hatte er medicinische Studien getrieben, worauf er in seiner auf *b* reimenden Caçîde anspielt, welche er in el-Cadûm vortrug. Er hinterliess in el-'Ideina einen kleinen Sohn, mit welchem diese Linie erlosch. — Aus der Seitenlinie stammte

42. Ahmed ben Sa'd ed-dîn ben Husein el-Miswarí; er wurde von seinem Oheim Ali ben Husein erzogen und hatte in den verschiedenen Zweigen der Sprachwissenschaft, in den Traditionen, der Exegese des Coran, Dogmatik und Dialektik bei sehr vielen Lehrern Unterricht gehabt und zu der grossen Zahl seiner Schüler gehörte auch der Geschichtschreiber Ahmed ben Çâliḥ Ibn Abul-Rigâl, welcher in seinem

Geschichtswerke ausführlich über ihn handelt und sich häufig auf ihn bezieht. Er war, wenn auch wenig genannt, für das ganze Land wohl ein halbes Jahrhundert hindurch ein sehr einflussreicher Mann, da er als Secretär, Cadhi und Rathgeber unter vier Imâmen, el-Câsim und seinen drei Söhnen und Nachfolgern Muhammed el-Muajjid, Abu Ṭâlib Ahmed und Ismâ'îl el-Mutawakkil diente und zugleich ihr Hofprediger in Çan'â war. Er hat mehrere ausgezeichnete Werke geschrieben, darunter auch Musterpredigten, und mit den Imâmen unterhielt er einen beständigen Briefwechsel, aber Geschenke, welche sie ihm zusandten, wies er zurück. Sein Todesjahr wird nicht angegeben und mit ihm ist auch diese Linie der Cadhis aus Miswar erloschen.

43. Luṭfallah ben Muhammed el-Gajjath ben el-Schugâ' ben el-Kamâl ben Dâwûd el-Dhafîrí, als Lehrer und Gelehrter wegen seiner umfassenden Kenntnisse استاذ البشر والعقل الحادى عشر »der Lehrer der Menschheit und der elfte Verstand« genannt, machte sich für die Studirenden durch seine Schriften noch besonders verdient; dahin gehören المناهل الصافية على الشافية *Aquationes purae super librum sanantem*, gleichsam ein Compendium des Radhî ed-dîn. Der gelehrte Ahmed ben Jaḥjá Ibn Ḥâbis wollte zum besseren Verständniss für die Studirenden ein ähnliches Werk schreiben, als er aber dieses Buch sah, stand er davon ab, indem er sagte: Wenn der Tag Gottes erscheint, ist das Licht eines Klugen überflüssig. Seinen sehr nützlichen Glossen zu dem Commentar des Sa'd ed-dîn el-Taftâzâní über التلخيص *Succinta epitome* (*Ḥaǵi* 3541) hatte er keinen Titel gegeben, der Imâm Çalâḥ ben Ahmed ben el-Mahdi el-Muajjid nannte sie الوشاح على عروس الافراح *Baltheus ad sponsam gaudiorum* in Bezug auf einen kleineren Commentar von el-Subkí (*H.* 8123). Noch wird von ihm ein Commentar zu der Vorrede der *Fundamenta* الاساس des Imâm el-Câsim erwähnt. Auch in der Medicin, Wahrsagerkunst und Astronomie besass er sehr gute Kenntnisse; er wollte hiervon etwas seinem Schüler dem Prinzen Husein ben el-Câsim zukommen lassen und liess ihm desshalb sagen, er möge den Cadhi Ahmed ben Çâliḥ el-'Oneisí zu ihm schicken um ihm etwas von seiner geheimen Wissenschaft mitzutheilen; als der Cadhi hinkam, war Luṭfallah schon ent-

schlafen. Er hatte sich früher einige Zeit in Mekka aufgehalten und die dortigen Gelehrten hatten mit ihm viel verkehrt und ihn hochgeachtet mit Ausnahme von Ibn Hagar, welcher aus Abneigung ein Buch schrieb unter dem Titel كف الرعاع عن تعاطى اللهو والسماع *Abstinentia juvenum vilium a certamine lusus et musices* Lutfallah liess sich dadurch nicht aus der Fassung bringen und vergab sich nichts von seinem Ansehen, denn keiner vermied es mehr als er, etwas in Übereilung zu thun. Durch einen Schlaganfall verlor er die Sprache und die Besinnung; ein erfahrener Arzt war der Meinung, dass Musik ihm zuträglich sein könne, indess ein anderer, welcher den Zustand des Scheich sorgfältig beobachtet hatte, glaubte, das würde ihm nicht angenehm sein. Der erste blieb dabei, man möchte es bei der mangelhaften Besinnung des Kranken versuchen; es geschah, da fing er an sich zu bewegen und als sie fortfuhren, kehrte die Besinnung wieder und er hatte nur seine Noth, sie zum Stillschweigen zu bringen. Er starb in Dhafîr am Berge Ḥagga im Ra'gab 1035 (April 1626).

44. Der Prinz Ahmed ben Muhammed Ibn Locmân ben Ahmed ben Schams ed-dîn ben el-Mahdi Ahmed ben el-Murtadhi Jaḥjá el-Jemení, einer der hervorragendsten Gelehrten seiner Zeit und Verfasser mehrerer nützlichen Schriften, wie eines Commentars über الكافل في علم الاصول *Curator de doctrina principiorum religionis*, über مرقاة الاصول *Scala principiorum* des Imâm el-Câsim und über dessen الاساس *Fundamenta*, starb früh Morgens am Donnerstag d. 9. Ra'gab 1039 (22. Febr. 1630) in der Burg Gimâr am Berge Râziḥ.

45. Muhammed ben Abul-Câsim ben Muhammed, ein Bruder des Abdallah ben Abul-Câsim (*Çufiten* 194), gehörte zu der Familie el-Ahdal in Zabîd, welche in solchem Ansehen stand und solche Vorrechte besass, dass z. B. wenn Jemand einen anderen getödtet hatte und sich zu dem Begräbnissplatze dieser Familie und dem Monument das Abu Bekr ben Ali el-açamm flüchtete, er straflos war, eine Sühne von ihm nicht gefordert und eine Gewaltthat gegen ihn nicht verübt werden durfte. Die Familie lebte in el-Munîra und hatte von Fadhlallah Pascha viel zu erdulden, da ihr die Aufwiegelung der Arabischen Bevölkerung

gegen die Türken zugeschrieben wurde, welche von den Benu Salîl ausging, und mehrere derselben unschuldigerweise umgebracht waren. Muhammed hatte immer die Streitigkeiten zwischen den Arabern und den Türkischen Verwaltern zu schlichten gesucht, da beide Parteien ihm Zutrauen schenkten, als aber einer seiner Söhne getödtet und er selbst gefangen genommen wurde, wandte er sich mit einem Hülferuf an den Propheten, den er mit den Worten schloss: ja! er wird sie strafen und wegen ihrer Tyrannerei über sie kommen. Man glaubt, dass diese Vorgänge die nächste Veranlassung zum Untergange der Herrschaft der Türken in Jemen gewesen seien. Muhammed starb im J. 1042 (1632).

46. Ali ben Muhammed ben Ibrâhîm el-Gamlûlí el-Ḥinûmí el-Sîrâfí stammte aus einer angesehenen Familie in el-Gamlûl, einem Orte in Hinûm einem Theile des Gebirges el-Ahnûm, welche dann in dem Bezirke von Sîrâf wohnte. Er besass eine reiche Erfahrung in allen Geschäften und einen durchdringenden Verstand, sodass was er sagte sprüchwörtlich angewandt wurde. Er hatte eine Menge Schüler wie den Cadhi Ahmed ben Sa'd ed-dîn und den Cadhi Gamâl ed-dîn und starb in der Nacht auf Mittwochen d. 3. Ragab 1043 (3. Jan. 1634) in der Festung Schibâm, wohin er durch den Imâm Muhammed el-Muajjid berufen war.

47. In Ḥabûr lebte eine Familie el-Ḥaggâf »Lederschild-Fabrikant«, so benannt nach einem Ahnherrn Muhammed el-Ḥaggâf, welcher dies Gewerbe betrieben hatte und sein Geschlecht in der zwölften Generation von Ali ben Abu Ṭâlib ableitete, nämlich Muhammed el-Ḥaggâf ben Gafar ben el-Câsim ben Ali el-Iljâní ben Abdallah ben Muhammed ben el-Câsim el-Rassí[1]. Ein Mitglied dieser Familie war

48. Çalâḥ ed-dîn ben Abd el-châlik ben Jaḥjá ben el-Mahdi ben Ibrâhîm ben el-Mahdi el-Ḥaggâf el-Câsimí el-Hasani el-Ḥabûrí, welcher sich durch seine Gedichte in Jemen einen Namen erwarb; aus seinem Diwân findet sich in der Sammlung des Muçṭafá ben Fatḥal-

1) Hier schliesst sich die Reihe an den Stammbaum Genealog. Tab. Z. 28 wie S. 81.

lah ein längeres Lobgedicht auf den Imâm el-Muajjid Muhammed, welches *Muhibbi* mittheilt. Auch schrieb er einen Commentar zu تكملة الاحكام في علم الطريقة *Complementum statutorum de doctrina viae rectae* und اجوبة مسائل مشهورة *Responsa ad quaestiones notas.* Er starb zu Ḥabûr im J. 1047 (1637).

49. Abd el-rahman ben Muhammed ben Scharaf ed-dîn el-Ḥaggâfí, ein in den Fundamental-Wissenschaften und der Logik sehr bewanderter Gelehrter, welcher am Ende seines Lebens auch mit der Erklärung des Coran sich beschäftigte und einen ausgezeichneten Commentar zu غاية السول *Summum desiderium* des Prinzen Husein ben el-Câsim (4) schrieb, wurde Verwalter des Gebietes von Ḥufâsch, wohnte dann in Çan'â, verschmähte allen irdischen Glanz und starb dort in einem der umliegenden Gärten el-Ḥaschîscha genannt bald nach dem J. 1050 (1640).

50. Von jenem Ahnherrn Muhammed el-Ḥaggâf stammt im sechzehnten Gliede Ali ben Ibrâhîm ben Ali ben Ibrâhîm ben el-Mahdi ben Ahmed ben Jaḥjá ben el-Câsim ben Jaḥjá Ibn 'Iljân ben Hasan ben Muhammed ben Husein ben Muhammed ben Husein ben Muhammed el-Ḥaggâf, ein schön gewachsener Mann von feinem Anstande: er erhielt die Verwaltung von el-Ga'farîja mit dem angrenzenden Gebiete und bekleidete sein Amt gegen dreissig Jahre. Die Zeitgenossen sind einstimmig in seinem Lobe, er starb etwa 80 Jahre alt im Ragab 1071 (März 1661) in Kasma und wurde hier neben der von ihm gegründeten Moschee begraben. — Sein Sohn Zeid ben Ali ben Ibrâhîm wurde Präfect von Mochâ.

51. Ismâ'îl el-Ḥaggâf ben Ibrâhîm ben Jaḥjá ben el-Hudá ben Ibrâhîm ben el-Mahdi ben Ahmed ben Jaḥjá ben el-Câsim ben Jaḥjá Ibn 'Iljân wurde ums J. 1024 (1615) in Ḥabûr geboren und nachdem er den Coran, die *Ḥâgibia*, die *Azhâr Flores de jure Zeiditarum* (*Ḥagi* 552) und andere Fundamental-Compendien auswendig gelernt hatte, hörte er die berühmtesten Lehrer seiner Zeit, wie seinen Vater Ibrâhîm, seinen Grossvater (mütterlicherseits) Husein ben Ali ben Ibrâhîm el-Ḥaggâf und die anderen Verwandten Gebrüder Ali ben Husein und Abd el-rahman ben Husein el-Ḥaggâf, und zu seinen Schülern gehörten

wieder die ausgezeichnetsten Männer, wie der Prinz el-Hasan ben el-Mutawakkil Ismâ'îl, die meisten der Brüder desselben und die Angesehensten seiner Vaterstadt. Er machte auch hübsche Gedichte, unter anderen eine Çaçîde zum Lobe des Imâm Ismâ'îl el-Mutawakkil, welchen er dadurch zur Hebung der sehr verkommenen Unterrichtsanstalten anregen wollte. Er starb in seiner Geburtsstadt in der Nacht des Freitags d. 14. Scha'bân 1097 (6. Juli 1686).

52. 'Âmir ben Muhammed el Çubâḥí aus dem (bekannten) Orte Beidhâ Çubâḥ im Hochlande von Jemen etwa zwei Tagereisen von dem Sammelplatze Caran entfernt, woher Oweis el-Caranî der Zeitgenosse Muhammeds stammte, lebte in so dürftigen Verhältnissen, dass er nur ein einziges Kleidungsstück von Schafpelz besass, welches er, wenn es beschmutzt und zur Reinigung gewaschen war, nass wieder anziehen musste. Sein Vater war ein vermögender Mann gewesen, aber von den Türken eben als Häuptling seiner Familie ins Gefängniss geworfen und mit harten Strafen belegt. 'Âmir reiste dann nach Çan'â, wo er anfing Unterricht zu ertheilen, begab sich aber darauf noch zu dem Scheich der Zeiditen Ibrâhîm ben Mas'ûd el-Ḥimjarí nach el-Dharein, welcher damals für den ersten Gelehrten in Jemen galt und besonders in der rechten Art der Anrufung Gottes alle übertraf. 'Âmir bat ihn Vorlesungen darüber zu halten. Ibrâhîm sagte dies zu und in der Meinung einen gewöhnlichen Schüler vor sich zu haben, kam er unvorbereitet, merkte aber bald, dass 'Âmir bereits vollkommen ausgebildet war, und entschuldigte sich, dass er heute die Vorlesung nicht fortsetzen könne; das nächste Mal hatte er sich vorbereitet, konnte aber doch selbst aus den Disputationen mit ihm noch schätzbare Dinge lernen. In der Folge kam 'Âmir auf seinen Reisen noch öfter zu ihm; auch der Fakîh Çârim ed-dîn lernte ihn kennen und hochschätzen und reiste einmal von Çan'â zu ihm wegen einer einzigen Frage, deren Beantwortung ihm zweifelhaft war. In Ça'da las 'Âmir die Traditionen bei dem Scheich Abd el-'azîz el-Baçrí gen. Bahrâm und mit dem Prinzen el-Hasan ben el-Câsim trat er in Verbindung. Als der Imâm al-Câsim den Aufruf gegen die Türken erliess, begab sich 'Âmir zu ihm nach Çan'â und schloss sich ihm an;

er las damals mit ihm die *Sanatio* des Gazzâlî (*Ḥaǵi* 7604). Er wurde dann zum Cadhi und Verwalter des Districts von Ta'izz ernannt, wo er durch seine Kenntnisse und durch seine Wahrheits- und Gerechtigkeitsliebe in Wort und That das höchste Ansehen genoss; wenn er in die Moschee ging, neigten sich die Leute ehrfurchtsvoll vor ihm; er hatte eine hohe, schöne Gestalt. Wenn er ins Gericht kam und ein angesehener Mann oder ein Beamter verhaftet werden sollte, wandte er sich an den ersten besten und befahl ihm, ihn ins Gefängniss abzuführen, und keiner wagte es dies zu verweigern. Er war der Leiter und die Stütze der Regierung auch noch einige Zeit unter dem Imâm Muhammed el-Muajjid, bis er sich nach dem oberen Chaulân begab, sich in Wâdi 'Âschir niederliess und hier ein grosses schönes Haus erbaute unter der Leitung seines Enkels des Emir Scharaf ed-dîn Hasan ben Ahmed ben 'Âmir; es wurde ganz nach seinem Sinn für eine Menge Gäste eingerichtet, und während er in 'Âschir wohnte, genossen die Fremden ebenso wie die ihm näherstehenden viel Gutes von ihm. Zu den Gelehrten, welche dahin reisten, um seine Vorlesungen zu besuchen, gehörte auch der Cadhi Muhammed ben Nâçir ben Da'isch, welcher sein Leben beschrieben hat. Der berühmteste seiner Schüler war der nachherige Imâm Ismâ'îl ben el-Câsim, welcher seiner Leitung übergeben war und den er besonders lieb hatte und bevorzugte. 'Âmir wurde mit wichtigen Aufträgen betraut und unter anderen nach Çan'â geschickt, um den Friedensabschluss mit den Türken zu Stande zu bringen; in der Folge war er aber einer der einflussreichsten, welcher ungeachtet seiner Friedensliebe und seines hohen Alters wieder zum Kriege gegen die Türken antrieb.

'Âmir hatte einen Sohn Ahmed, welcher die Kriege bei Zabîd mitgemacht hatte; nach der Vertreibung der Türken bat er el-Hasan ben el-Câsim, seinen alten Vater besuchen zu dürfen; Hasan erwiederte, es sei seine Absicht, dass sie alle zusammen nach dem Hochlande aufbrechen wollten. Als darüber einige wenige Tage يويمات vergingen, sah Ahmed im Traume zwei Männer, von denen der eine zum anderen sagte: bemächtige dich seiner Seele! der andere sagte: nein, er hat einen alten Vater, welcher Gott gebeten hat, seinen Sohn noch einmal zu sehen. ich werde mich also seiner Seele nicht bemächtigen, bis er zu ihm kommt. Ahmed rief sich dies am anderen Morgen ins Gedächtniss zurück, begab sich zu Hasan und bat dringend um seine Entlassung. Sie wurde ihm bewilligt und er trat die Reise nach dem Hochlande an. bis er nach Dsamâr kam, wo ihn Çafî ed-dîn Ahmed ben el-Câsim ehrenvoll empfing und ihn bewog einige Tage bei ihm zu verweilen. um sich von den Strapazen der Reise zu erholen. Dies zog sich aber in die Länge und Ahmed sah im Traume die beiden Männer und einer sprach zum anderen: bemächtige dich seiner Seele. er zögert noch immer und macht zu lange: aber der andere antwortete wie zum ersten Male. Jetzt machte sich Ahmed von selbst auf und suchte sich zu beeilen. als er jedoch Higrat Schaukân erreichte, nahe bei Wâdi 'Âschir wo sein Vater wohnte. kamen die Stämme und Häuptlinge zu ihm. denn er gehörte zu den angesehensten Männern. und hinderten ihn abermals zu seinem Vater zu gelangen. Wiederum erschienen ihm die beiden Männer und wechselten dieselben Worte mit einander, nur setzte der zweite hinzu: nun hat er nur noch einen Aufschub bis zu seinem Vater, bei dem er fünf Tage bleiben wird, dann wollen wir uns seiner Seele bemächtigen. Ahmed eilte jetzt nach dem Wohnsitz seines Vaters und blieb bei ihm in vertrautem Umgange; dann machte er sein Testament in ausführlicher Weise bei voller Besinnung und am fünften Tage eröffnete er seinem Vater, was ihm bevorstehe, er sagte ihm Lebewohl und Gott nahm seine Seele zu sich. Der Vater besorgte seine Angelegenheiten und begrub ihn. er trat als Prediger vor dem versammelten Volke auf und ermahnte es, sodass die Anwesenden in Thränen ausbrachen, und er starb selbst nach wenigen Tagen am 11. Ramadhân 1047 (27. Jan. 1638) und wurde bei seinem Sohne in der Gruft des Abd el-câdir el-Tihâmî beigesetzt.

53. Abd el-ḥamîd ben Ahmed ben Jaḥjá ben Amr ben el-Mu'âfá vom Stamme der Banu Abd el-Madân und ein Nachkomme des Bruders des oben S. 40 genannten Emir Abdallah ben el-Mu'âfá, hatte sich dem gelehrten Stande gewidmet, sich besonders mit dem Studium

der Arabischen Sprache beschäftigt und suchte den alten Ruhm seiner Familie wiederherzustellen. Er schrieb einen Commentar zu dem grammatischen Gedichte *Mulha* des Harîri (*Hagi* 12873), nützliche Glossen und Antworten auf grammatische Fragen und Commentare zu der juristischen *Hidâja* (*H.* 14366) und den ازهار *Flores* des Ibn Miftâh. Die Caçîde des Çafî ed-dîn el-Hillî (*H.* 1736) dichtete er um in fünfzeilige Verse und machte selbst gute Gedichte, darunter eins auf die Fahne des Imâm Muhammed el-Muajjid ben el-Câsim; seine Handschrift war ausgezeichnet schön. Er starb vermuthlich nach dem J. 1050 (1640) und wurde in el-Sûda am südlichen Thore begraben.

54. Muhammed ben Ahmed ben 'Izz ed-dîn ben el-Husein ben 'Izz ed-dîn ben el-Imâm Hasan ben el-Imâm 'Izz ed-dîn hiess im Volksmunde Ibn el-'Anz »der Ziegen Sohn«, weil, da er beim Tode seiner Mutter noch gestillt wurde, eine Ziege sich so gewöhnen liess, dass sie aus der Heerde von der Weide allein fortging und zu ihm kam und sich mit den Beinen über ihn stellte, sodass er saugen konnte. Er war in einem Hause des Wâdi Rabî' im Gebiete von Ça'da am 2. Dsul-Ca'da 1000 (10. Aug. 1592) geboren; in seinen jüngeren Jahren vermied er die Nähe von Frauenzimmern, ging allein zum Gottesdienst in die Thäler und Berge und kehrte dann in seine Wohnung nach Rabî' zurück. Als er durch seine Frömmigkeit bekannt wurde, kamen Gleichgesinnte zu ihm um aus seinem Umgange sich einen Segen zu erwerben und sie behaupteten, dass er übernatürliche Wissenschaften verstände; wenn er aus der Moschee kam, verschloss sich sein Zimmer auf unerklärliche Weise für ein Stündchen, dann öffnete es sich wieder, wobei er lächelte, man wusste nicht, wer es verschloss und öffnete, man sah niemand. Er machte ein Instrument, womit er weit in die Ferne von Ça'da nach Rabî' oder von Rabî' nach Ça'da sehen konnte. Sein Commentar über die Caçîde auf *r* des Imâm el-Hâdi 'Izz ed-dîn ben el-Hasan, in welcher astronomische Fragen vorkommen, zeigt, dass er in der Himmelskunde, in den Sonnen- und Mondfinsternissen und in dem Gebrauch des Quadranten ungewöhnliche Kenntnisse besass. Er starb am 24. Dsul-Ca'da 1053 (3. Febr. 1644) in Higrat Calala, dem Wohnorte

seiner Vorfahren, und wurde in dem Grabgewölbe seines Grossvaters des Imâm 'Izz ed-dîn ben el-Husein beigesetzt.

55. Abd el-rahman ben Abdallah ben Çalâḥ ben Suleimân ben Muhammed ben Dâwûd ben Ibrâhîm ben Ahmed ben Ali war ein sehr gelehrter Fakîh und Cadhi des Gebietes von Ḥeima unter den Imâmen Muhammed el-Muajjid und Ismâ'îl el-Mutawakkil. In dem genannten Suleimân traf sein Stammbaum mit einem gleichnamigen Abd el-rahman ben Abdallah, dem Lehrer des Imâm el-Câsim, zusammen und die Fakîh von Ḥaçajân, el-'Ojâna, Samâat beni el-Naggâr und el-Ragam gehörten zu derselben Verwandtschaft. Der erstere Abd el-rahman wurde im Alter geistesschwach und starb bald nach dem J. 1060 (1650).

56. Die Familie el-Na'mí in und bei Çan'â führte ihren Ursprung auf einen Ahnherrn Na'ma zurück[1], welcher in gerader Linie von Ali ben Abu Ṭâlib abstammte; in dem Districte Çabjâ bei Çan'â lebten davon zwei Zweige, welche sich durch zwei Brüder Muhammed ben 'Îsá und Ahmed ben 'Îsá gebildet hatten und zu dem ersteren gehörte im XI. Jahrhundert

57. Ali ben Hasan ben Muhammed ben Hasan ben Abd el-rahman ben Jaḥjá ben Muhammed ben 'Îsá[2]) Dhijâ ed-dîn el-Na'mí, welcher im J. 984 (1576) geboren war und sich solche Kenntnisse erwarb, dass er zu den hervorragendsten Gelehrten von Jemen zu zählen ist. Als Cadhi des Gebietes von Çabjâ während der Regierung der Imâme Muhammed el-Muajjid und seines Bruders el-Mutawakkil zeichnete er sich unter seinen Zeitgenossen durch seine Gerechtigkeitsliebe aus; er schrieb eine Menge Bücher und Abhandlungen, welche berühmt

1) Auf welchen von beiden speciell, wird nicht angegeben, der Name kommt in der folgenden genealogischen Kette zweimal vor.

2) Der Stammbaum geht weiter zurück auf 'Îsá ben Muhammed ben Suleimân ben Muhammed ben Sâlim ben Jaḥjá ben Muhammed ben Surûr ben Na'ma ben Falatia ben Husein ben Jûsuf ben Na'ma ben Ali ben Dâwûd ben Suleimân ben Abdallah ben Mûsá el-Gaun ben Abdallah el-Maḥdh ben Hasan II. ben Hasan el-sibt ben Ali ben Abu Ṭâlib.

geworden sind, und verfasste auch Gedichte. Die alte Geschichte, sowie die älteren und neueren Sagen hatte er vollkommen im Gedächtniss und stiftete durch ihren Vortrag für die Schüler der ganzen Gegend grossen Nutzen. Sein gewöhnlicher Wohnsitz war in Salifa el-Dahnâ im Bezirke von Wâdi Beisch und el-Maḥalla, er besass aber auch ein Haus in 'Itwad und sein Wirkungskreis erstreckte sich auf die Stadt Çabjâ mit ihrem ganzen Gebiete bis zu seinem im Dsul-Ḥigga 1067 (Sept. 1657) erfolgten Tode[1]).

58. Ali el-Nami hinterliess zwölf Söhne, von denen die meisten sich als Gelehrte auszeichneten: Muhammed † 1087 (1676), Ahmed † 1077 (1666) in Mekka, Abd el-rahman, Jaḥjá, Muḥsin, Husein, Ibrâhîm, Schabîr, Ismâ'îl, Schams ed-dîn und die beiden zunächst genannten.

59. Hasan ben Ali ben Hasan el-Na'mî el-Hasanî war in Çan'â geboren und aufgewachsen und von seinem Vater unterrichtet; er hatte mancherlei Wissenschaften studirt und machte gute Gedichte, darunter eins, welches er an Musâ'id el-Ḥasanî richtete, als dieser von dem Scharîf Zeid ben Muḥsin aus Mekka als Verwalter von 'Itwad und Beisch und deren Gebiete nach Jemen geschickt wurde. Er starb auf einem Besuche in Mekka im Anfange des Muḥarram 1063 (Dec. 1652) und wurde in el-Schubeika nahe bei dem Grabe des 'Aidarûs beerdigt. — Sein Bruder

60. 'Izz ed-dîn ben Ali ben Hasan el-Na'mî wurde im J. 1032 (1623) in 'Itwad geboren und wuchs in el-Dahnâ auf. Er legte sich auf die Hauptfächer, besonders die schönen Wissenschaften, ging zum Studiren erst nach Ça'da, dann nach Çan'â, wo er Ahmed ben Abul-Rigâl und Muhammed ben Ibrâhîm el-Suḥûtî hörte und besuchte

1) Ein gleichnamiger und gleichzeitiger Ali ben Hasan ben 'Akîl war ebenfalls Cadhi in Çabjâ für die Stadt el-'Athîra unterhalb Wâdi Wasâ'; er starb im Anfange des Muḥarram 1075 (Ende Juli 1664) auf der Rückkehr von der Wallfahrt nach Mekka in Ḥamça, der Station der Jemenischen Pilger in der Nähe von Wâdi 'Itwad. Sein Vater, welcher dieselbe Stelle bekleidet hatte, war damals noch am Leben; bei der Nachricht von dem Tode seines einzigen Sohnes brach ihm das Herz und er starb zwanzig Tage nachher.

dann die Gelehrten der Familie Ḥaggâf in Ḥabûr. Er wurde von dem Imâm Ismâ'îl el-Mutawakkil zum Cadhi der Pilgerkarawane ernannt und bekleidete diese Stelle vom J. 1067 bis 1082 (1657—1672), wo er abgesetzt wurde und seine bedeutende Einnahme verlor. Er richtete desshalb eine Caçîde an den Imâm, um seine Gunst wieder zu gewinnen, aber vergebens; nachher schrieb er auch an Hasan ben Ismâ'îl, den Sohn des Imâm, eine Caçide, worin er sich im Namen der Bezirksbewohner über Sâlim ben Muhannâ, Verwalter von Tubbasch, und Abu Ṭâlib ben Muhammed ben Husein el-Chawâgí, den Präfecten von Çabjâ, beklagte, weil die von ihnen ausgesandten Truppen gegen Schuldige und Unschuldige in gleicher Weise vorgingen. Sein Todesjahr ist nicht angemerkt.

61. Zu dem anderen Zweige der Na'mí gehört Hasan ben Ali ben Ḥifdhallah ben Abd el-rahman ben Jaḥjá ben Ali ben Ahmed ben 'Îsá el-Na'mí. Er wurde im J. 1029 (1620) in el-Dahnâ im Gebiete von Çabjâ geboren und erzogen und von Ali ben Hasan el-Na'mí u. A. unterrichtet; er erwarb sich gute juristische Kenntnisse, war in den schönen Wissenschaften sehr bewandert und machte selbst gute Gedichte; er starb im Ragab 1079 (Dec. 1668). — Sein Bruder

62. Muhammed ben Ali ben Ḥifdhallah el-Na'mi geb. im J. 1026 (1617) machte gleichfalls gute Gedichte, welche von dem Sohne des vorigen, Çafî ed-dîn Ahmed ben Hasan ben Ali ben Ḥifdhallah in einem Diwan gesammelt wurden. Er starb am 20. Gumâdá II. 1079 (25. Nov. 1668) in Maur und wurde dort begraben.

63. Der Prinz Çalâḥ ben Ahmed ben 'Izz ed-dîn ben el-Husein ben 'Izz ed-dîn ben el-Imâm Hasan ben el-Imâm 'Izz ed-dîn ben el-Hasan ben Ali ben el-Muajjid ben Gabrîl ben el-Muajjid ben Ahmed ben Jaḥjá ben Ahmed ben Jaḥjá ben el-Nâçir ben Hasan ben Abdallah ben Muhammed ben el-Câsim ben el-Nâçir ben Ahmed ben el-Hâdi Jaḥjá ben el-Husein ben el-Câsim ben Ibrâhîm ben Ismâ'îl ben Ibrâhîm ben el-Hasan II. ben el-Hasan el-sibṭ ben Ali ben Abu Ṭâlib wurde am 15. Rabî' I. 1015 (12. Juli 1606) zu Çan'â in dem Dâr el-'Ilf genannten Hause des Imâm Scharaf ed-dîn bei der Moschee des Maḥmûd geboren, erwarb sich gute Kenntnisse in den schönen Wissenschaften und machte

gute Gedichte in jeder Gattung. Bekannt ist von ihm ein Lobgedicht auf Muhammed ben el-Hasan ben el-Imâm el-Câsim und eine poëtische Correspondenz, die er von dem Berge Râzih im Gebiete von Ça'da aus mit einem Freunde in Abu 'Arîsch Namens Çiddîk ben Muhammed führte. Er starb am Ende des J. 1070 (Aug. 1660).

64. el-Hasan ben Ahmed el-Jemení el-Heimí ragte unter seinen Zeitgenossen als Gelehrter so sehr hervor, dass er von seinem Schüler Çâlih ben el-Muhtadi el-Makílí der erste Jurist seiner Zeit genannt wird; auch besass er in Regierungsangelegenheiten eine grosse Gewandtheit, sodass ihn der Imâm el-Mutawakkil mit einem wichtigen Auftrage nach Habessinien sandte, den er aufs beste ausführte. Er starb im J. 1071 oder 1072 (1661) und hinterliess zwei Söhne, den Cadhi Muhammed und Jahjá, deren Leben *Muhibbi* besonders beschreiben wollte, was er vergessen hat.

65. Muhammed ben Ahmed el-muhaggab ben 'Îsá ben Ahmed ben Abd el-gaffâr ben Muhammed ben 'Îsá ben Ahmed ben Omar el-Zeila'í el-'Okeilí aus der fürstlichen Familie von Luheija wurde hier im J. 990 (1582) geboren, studirte sehr eifrig und zeichnete sich durch die erworbenen Kenntnisse aus, noch mehr aber durch seine frommen Gesinnungen und guten Werke, worüber er indess nicht gern etwas öffentlich bekannt werden liess, wenn es nicht nöthig war. Er liebte die Armen und that ihnen Gutes; er nahm wohl Geschenke an, doch nicht ohne sie in gleicher Weise zu vergelten, und wenn er Verdacht hatte, dass sie erpresst seien, so verkaufte er sie und kaufte für den Erlös andere, die er den früheren Besitzern der erpressten Sachen zusandte. Er machte mehrmals die Wallfahrt und zwischen ihm und dem Scherif von Mekka Zeid ben Muhsin bildete sich ein sehr vertrauliches Verhältniss, und er war dort so beliebt, und hochangesehen, dass einmal jemand sagte: Aus ehrender Rücksicht gegen ihn wird seinen Zeitgenossen von Gott keine Sünde angerechnet. Als er dies erfuhr, fing er an zu weinen und entgegnete: Ich bin der geringste Diener Gottes und wünsche nicht, dass zu meinen Gunsten so etwas gesagt werde. Er wusch sich sehr oft, besonders vor den Gebeten und meistens

im Meere, weil seine Wohnung nahe am Strande lag; er starb in Luḥeija im J. 1072 (1661).

66. Muçṭafâ ben Ali ben Nu'mân el-Dhamadí el-Jemení wurde im J. 1004 (1595) in Wâdi Dhamad im Gebiete von Çabjâ geboren, lernte den Coran vollkommen auswendig unter der Anleitung des Scheich Abd el-rahman el-Jemení und las bei ihm den Commentar des Cadhi Zakarîjâ zu der *Gazerîja* (*Ḥaǵi* 12761); die ازهار *Flores* las er bei dem Fakîh Abdallah el-Walım und einen Theil eines Commentars dazu bei dem Cadhi Sa'îd el-Hiball und einen grösseren Theil davon bei seinem Bruder Ahmed ben Ali ben Nu'mân und bei dem Fakîh Ibrâhîm el-mutajammiz; البحر الزخار *Mare exundans* bei dem Cadhi Ahmed Ibn Ḥâbis und einen Theil davon bei dem Prinzen Ahmed ben el-Mahdi el-Muajjidí; مفتاح الفرائض *Clavis juris haereditarii* bei seinem Oheim Ahmed ben Nu'mân; تمهيد النخبة *Concinnatio delectus* und تنقيح الانظار *Recognitio critica*, beide von dem Wezir Muhammed ben Ibrâhîm, bei Çalâḥ el-Ḥâdhirí und den Coran-Commentar *Kaschschâf* bei dem Prinzen Dâwûd. Er besass ausserdem Diplome von seinen Lehrern über die sechs Traditions-Sammlungen, das Leben Muhammeds von Ibn Hischâm, die Dictate des Abu Ṭâlib und des Ahmed ben 'Îsâ und mehrere andere Werke, die meisten aus der Überlieferung des Ahmed Ibn Ḥâbis. Er selbst ist Verfasser einiger Werke, das berühmteste darunter ist ein Coran-Commentar unter dem Titel المغرات النمير تفسير الكتاب المنير *Aqua dulcis saluber s. Commentarius in Librum splendentem*, welcher in Jemen sehr hoch geschätzt wird und in Lobgedichten gepriesen ist.

Über seine Lebensverhältnisse und sein Todesjahr ist nichts angegeben.

67. el-Husein ben Ali el-Wâdí el-Jemení, einer der hervorragendsten Dichter in Jemen, stand mit dem Prinzen Muhammed ben el-Muṭahhar el-Gurmûzi in brieflichem Verkehr und starb im J. 1076 (1665) in el-Gabi, einer grossen hochgelegenen Festung im Gebiete von Reiḥa.

68. el-Hasan ben Ali ben Gâbir el-Hiball el Jemení wurde in Çan'â geboren, in Gottesfurcht, Enthaltsamkeit und in der Liebe zu seiner Familie erzogen und widmete sich den schönen Wissenschaften.

Er hat eine Menge guter Gedichte gemacht, denen des Husein ben Ḥaggâg ähnlich, welcher mit Amrûl-keis ben Ḥugr verglichen wird, nur dass el-Hiball alle anstössigen und zweideutigen Ausdrücke vermied und sich einer deutlichen, reinen Sprache wie aus einem Guss in vollendeter Form bediente. Er starb in Çan'â im Çafar 1079 (Juli 1668) und wurde an der Westseite der Burg el-Caçr el-sa'îd begraben.

69. Der Prinz Ġalâl ed-dîn Hasan ben Ahmed el-Jemení, ein ausgezeichneter Gelehrter, ist Verfasser vieler Schriften, wie eines Supercommentars zu dem *Kaschschâf* des Zamachscharî, betitelt تكملة الكشف على الكشاف *Perfectio detectionis super Detectorem*, eines Commentars zu التهذيب *Correctio*, zu der *Schamsija de logica* *Ḥaǵi* 7667), zu الفصول في الاصول *Sectiones de principiis* des Ibrâhîm ben el-Wezîr, zu der Grammatik *Kâfija* des Ibn Ḥâgib und zu dem *Summum desiderii* desselben Verfassers *Ḥ.* 13126; auch machte er ansprechende Gedichte über mancherlei Gegenstände, darunter eine lange Caçîde auf به mit einem Commentare. Er starb auf seinem Wohnsitze in el-Chirâf im Gebiete von Çan'â im J. 1079 (1668).

70. Muhammed ben Ibrâhim ben el-Mufaddhal ben Ibrâhîm ben Ali ben Scharaf ed-dîn Jaḥjá wurde im J. 1020 (1611) geboren und studirte in Çan'â, Kaukabân und Schibâm besonders die Coranerklärung und reiste nach el-Ṭawîla um bei 'Izz ed-dîn ben Dsarîb einige der Bücher über die Principien der Jurisprudenz zu lesen; die Traditionen lernte er von den Gelehrten, die ihn in der Folge in seiner Wohnung besuchten. Die letzten Lebensjahre verbrachte er in Wâdi Dhahr, wohin viele Leute kamen um ihn zu hören, sodass der Ort davon sehr belebt wurde. Die *Folia de principiis* des Abd el-malik el-Ġuweiní (*Ḥaǵi* 14205), brachte er auf äusserst schöne Weise in Verse; ein von ihm ausgearbeiteter nützlicher Commentar dazu ist nicht veröffentlicht, sondern unter seinen Büchern verborgen geblieben. Er starb am Montag d. 1. Ragab 1085 (1. Oct. 1674) in seiner Wohnung in Schibâm zum allgemeinen Bedauern; über seinem Grabe wurde ein Monument errichtet und mehrere Gelehrte haben Caçîden auf ihn verfasst.

71. Jahjá ben Ahmed ben Muhammed el-Scharafí el-Jemení

hatte den Abd el-Ḥafîdh el-Mahlâ und dessen Sohn el-Nâçir nebst vielen anderen Scheichen zu Lehrern und wurde einer der ersten Gelehrten und der berühmteste Fakíh seiner Zeit in Jemen: er verfasste Abhandlungen über streitige Fragen und Gedichte, und starb etwa 70 Jahre alt in der Nacht vom Dienstag d. 13. Dsul-Ca'da 1089 (27. Dec. 1678) in el-Cuwei'a im Gebiete von Ober-Scharaf.

72. Jaḥjá ben Mahdi el-Mansakí el-Jemení wurde im J. 1060 (1650) in el-Dahnâ im Gebiete Çabjâ geboren und erzogen, zeichnete sich schon früh durch seine Vorliebe für die schönen Wissenschaften aus und berechtigte durch die Proben seiner Dichtungen zu den schönsten Hoffnungen, aber er starb auf der Wallfahrt in Mekka am 14. Muḥarram 1093 (23. Jan. 1682) und wurde in el-Schubeika begraben.

73. Abd el-rahman ben Ismâ'îl el-Challi el-Jemení el-Ançârí el-Schâfi'í el-Caḥṭâní wurde im J. 1018 (1609) in el-Ḥudeida geboren und erzogen. hörte die berühmtesten Lehrer von Jemen und zeichnete sich so aus, dass er schon mit 18 Jahren die Diplome für die juristische Praxis und den Unterricht erhielt. Er wurde dann Ober-Cadhi in seiner Vaterstadt und erwarb sich ein solches Ansehen. dass andere Gelehrte seinen Erkenntnissen nicht zu widersprechen wagten, selbst wenn sie anderer Ansicht waren, und er galt für den grössten Juristen in Tihâma. Er hat auch einige Gedichte gemacht und ist am 10. Muḥarram 1095 (29. Dec. 1683) gestorben. — el-Challí ist von *chall* »Essig« abgeleitet, weil einer seiner Vorfahren sehr geschickt darin war aus Wasser Essig zu machen, und die Aussprache Chillí ist fehlerhaft; auch darf man nicht an eine Ableitung von einem Ortsnamen denken, wie el-Chall zwischen Mekka und Medina nahe bei Margiḥ, oder el-Chall eine Station auf dem Wege von Wâsiṭ nach Mekka nahe bei Lîna, oder Challa einem Orte in Jemen nahe bei 'Aden.

Alphabetisches Verzeichniss der Personen-Namen.

Nach den fortlaufenden Nummern.

el-Mahdi, Imâm 37
Margân 30
Muçṭafâ b. Ali b. Nu'mân el-Dhamadí 66
Muçṭafâ b. Fatḥallah 48
Ibn Mudhaffar 37
Muhammed b. Abdallah el-Mahlâ 39
— b. Abdallah b. Scharaf ed-dîn el-Kaukabânî 33
— b. Abd el-câdir b. Ahmed Ibn Isrâ'îl 34
— b. Abd el-malik Ibn Da'sein 29
— b. Abd el-wahhâb el-'Arûdhí 37
— el-Mahdi b. Ahmed b. el-Câsim 20. 23. 28
— b. Ahmed b. Hasan b. Dâwûd 16. 28
— b. Ahmed b. 'Îsâ el-Zeila'î 65
— b. Ahmed b. 'Izz ed-dîn Ibn el-'Anz 54
— b. Ahmed el-Rûmí (Tâschköprizâdeh) 36
— Badr ed-dîn b. Ali el-'âlim el-Câsimî 31
— b. Ali b. Hasan el-Na'mí 58
— b. Ali b. Ḥifdhallah el-Na'mí 62
— b. Ali b. Husein el-Miswarí 41
— b. Abu Bekr el-Aschchar 37
— el-Muajjid b. el-Câsim 2. 37. 38
— b. Abul-Câsim b. Muhammed 45
— b. Cuds 16
— b. Çalâḥ b. el-Hâdi el-Waschalí 37
— b. Çalâḥ el-Salâmí 12
— b. Çâliḥ el-Uçâbí 37
— b. el-Çiddîk el-Ḥanefî 37. 38
— b. Ga'far b. el-Husein 30
— el-Ḥaggâf b. Ga'far 47
— b. Hasan b. el-Câsim 7. 12. 17. 63
— b. el-Husein b. el-Câsim 5. 7. 28
— b. Ibrâhîm b. Ali 32
— b. Ibrâhîm b. el-Mufaddhal 70

IV. Verzeichniss der Ortsnamen.

Nach dem Arabischen Alphabet, mit Verweisung auf die Seitenzahlen.

Das nachfolgende Verzeichniss, in welchem alle in dieser Abhandlung vorkommenden Ortsnamen enthalten sind. wird dazu beitragen die Kenntniss von Jemen in etwas weiter zu führen, als es mit den bisherigen Hülfsmitteln möglich war: es erscheinen darin nicht nur mehrere ganz neue Namen. sondern es werden auch viele schon durch Niebuhr und dessen Nachfolger bekannte hier in ihrer richtigen Arabischen Schreibart und Aussprache gegeben. Niebuhr verstand, wie er selbst bekennt. das Arabische leider! zu wenig. um die Namen, welche ihm vorgesprochen oder auch mit Arabischen Buchstaben vorgeschrieben wurden, immer richtig wiedergeben zu können[1]. Mann muss seine eigenthümliche Aussprache und Schreibart beachten. wenn man die Namen wiedererkennen will. z. B. *ä* und *ö*, die oft bei ihm vorkommen, sind keine Altarabische Laute, anstatt *ä* hätte er *é* setzen können, wie jetzt vulgär der Diphthong *ei* gesprochen wird, und *ö* ist nur dialektisch für *u* oder *o* und z. B. *Häs*, *Höbäsch* lauten nach alter Aussprache *Ḥeis*, *Ḥubeisch*. Die Lage der Orte, Städte und Festungen ergiebt sich oft ziemlich genau bei der Vergleichung aus der zuweilen angegebenen Entfernung oder aus der Reihenfolge. wie sie von den Truppen auf ihren Märschen erreicht wurden, und desshalb habe ich gleich hinter dem Namen alle beachtenswerthen Stellen der Abhandlung, in denen derselbe vorkommt, angemerkt. Um aber nicht zu weitläuftig zu werden, ist bei den schon bekannten Namen durch die Buchstaben ***N. S. R.*** nur auf die Werke von ***Niebuhr***, *de Sacy, table géographique* zu der *Histoire du Yémen* und ***Rutgers***, *index geographicus* zu der *Historia Jemanae* verwiesen.

1) Das kleine Buch, aus welchem Niebuhr in Ägypten etwas Arabisch lernte, wie er in dem Vorbericht zu seiner Beschreibung von Arabien S. XV sagt, und welches er Michaelis zum Geschenke machte um es herauszugeben, befindet sich auf der hiesigen Bibliothek mit der Bemerkung des letzteren: *Donum Niebuhrii, liber ex quo in Aegypto Arabica didicit*; der Anhang von Sprüchwörtern ist in ***Freytags*** *Proverbia Arabica* benutzt.

اب Ibb 12. 18. 21. 63. 69 (die Aussprache Abb ist in Jemen nicht bekannt, wird aber von einigen wie im *Lobâb* p. 17 angegeben; im *Muhibbi* ist meistens آب gedruckt), Städtchen am Fusse der Ostseite des Gebirges Ba'dân, von wo eine Wasserleitung dahin geführt ist, in der Nähe von Gibla. *Jâcût* I. 78. *N.* 239 Abb. *S.* 522.

ابو عريش Abu 'Arisch 51. 103. Grenzstadt im Norden von Jemen. *N.* 266. *S.* 522.

احور Ahwar 38. District mit Festung gleiches Namens. *Jâcût* I. 157.

اسكدار Ûsküdâr 31, Skutari am Bosporus. Constantinopel gegenüber.

الاشعاف el-Asch'âf 86 oder الاشغاف el-Aschgâf 89. Örtlichkeit bei el-Schag'a.

الاشمور el-Uschmûr oder عرة الاشمور 'Orrat el-Uschmûr 46. Stadt nordwestlich von 'Omrân bei Muda'. *N.* 251 Lischmur. *R.* 205.

اصاب Uçâb 53 oder وصاب Waçâb 14. der Anfang des Gebirgslandes von Jemen im Osten von Zabid, zu dessen Gebiete es von einigen noch gerechnet wird. mit den Festungen el-Hakîba. el-Chadhra, Râs el-Warîsân, Zâhid, el-Sâna. Masâa, Dhafirân. 'Othuma und Na'mân. *Jâcût.* Register. *N.* 224 Ôsâb.

اعشار A'schâr 65. Ort an der Hauptstrasse von Çan'â nach Dhûrân.

اكره Agra 33. Agria. Festung in Ungarn.

بلاد انس Bilâd Anis 85, ein Gebiet etwa in der Mitte zwischen Dsamâr und Çan'â mit der Hauptstadt Dhûrân. *N.* 233 Bellâd ânes; es zerfällt in مغرب انس Magrib Anis d. i. West-Anis 69 (ob dieses *N.* 235 Machâreb el ânes ist?) und شام انس Schâm Anis d. i. Nord-Anis. *Jâcût* III. 202. an dem وادى سهم Wâdi Sahâm, *N.* Sehân.

الاعجر el-Ahgar 85. Stadt im Gebiete des Kaukabân.

الاعنوم el-Ahnûm 31. 37. 40. 43. 59. 71. 85. 94. Gebirgszug im Gebiete der Banu Hamdân, *Bekri* 129. worin der District el-Çâb, die Residenz und Festung Schahâra und die Städte el-Sûda, Dhuleima und Habûr. *R.* 204. — هنوم Hinûm ist eine Abzweigung und die höchste Spitze des Ahnûm mit dem Orte الجلل el-Gamlûl.

برض Baradh 41. 43. Stadt im Norden von Jemen. *N.* 263 Barrad.

بروسة Brûsa 34, Hauptstadt von Anatolien.

بعدان Ba'dân 12. 13. 18. 28. 29. Ort und Berg mit dem Bezirk Ba'dânia in dem Districte Suhûl östlich von Heis; *Jâcût* nennt darin die Ortschaften Turjâda, el-Ruççid, Sebi'abein, Unter-'Âridha, el-'Asla und Nawâda. *N.* 245 بعادن Bâden. *S.* 523.

البقعة el-Buk'a 15. 25. 29. 48. 52. Landungsplatz für Zabîd, welcher näher dabei zu liegen scheint als Çalif. *S.* 523.

بلغرد Belgrad 33. Grenzfestung von Serbien.

بنوة Banawa 39. 44. Gebiet bei Thulâ.

بيت العز Beit el-'izz 19. eines der Forts der Festung Kaukabân.

بيت الفقيه الزيدية Beit el-Fakih el-Zeidia 53. 56, Stadt in der Nähe der Hafenstadt Luheija. Vergl. Die Çufiten. S. 106. *Johannsen*, historia Jemanae pag. 259.

بيت الفقيه ابن عجيل Beit el-Fakih Ibn 'Ogeil 53. Stadt acht Meilen nördlich von Zabîd. Vergl. Die Çufiten. S. 100. *N.* 226. *S.* 523.

بيش Beisch 101. im Gebiete von Çabjâ, Besitzung der Scherife von Mekka. *Hamdânî* 54

بيضاء صباح Beidha Çubâh 52. 96. Ort im Hochlande.

تبريز Tabrîz 32. 34. Hauptstadt von Adserbeigân. *Jâcût* I. 822.

تعز Ta'izz 5. 6. 10—13. 16. 17. 21. 28—30. 32. 42. 73. 97, befestigte Stadt landeinwärts von Mocha im Gebirge, mit der besonderen Festung القاهرية el-Câhirija. *N* 240 Taääs. Käḥḥre. *S.* 535. *R.* 219.

تعكر Ta'kur 12. 18. eine der grössten und festesten Burgen in Jemen, in dem Bezirke Michlâf Ga'far im Districte Suhûl, auf der Höhe des Berges Çabir die Stadt Dsu Gibla überragend. *Hamdânî* 68. *Jâcût* I. 855. II. 27. IV. 435. *S.* 535.

تنس Tanas 36. 85, scheint mit تبش Tubbasch 102 einerlei zu sein, die Aussprache ist zweifelhaft, Gebirgsgegend im Norden. ? تيس Teis. *Hamdânî* 72. 113.

تونس Tûnis 24. an der Nordafrikanischen Küste.

تهمة Tihâma, auch im Plural تهائم Tahâïm 11. 13. 23. 23. 35. 74, der Küstenstrich am rothen Meere.

ثلا Thulâ 8. 19. 20. 22. 35. 37. 39. 64. 65, befestigte Stadt nordwestlich von Çan'à nahe bei Kaukabân. *Hamdâni* 107. *Jâcût* I. 931. *N.* 251 Tulla. *S.* 536. *R.* 219.

جازان Gâzân 10. 16. Hafenstadt von Abu 'Arisch. *N.* 267 Dsje-fân. *S.* 525.

الجبل el-Gabal 23, »das Gebirge«, bezeichnet das Gebirgsland von Jemen im Gegensatz zu Tihâma dem Küstenstrich.

جبلة Gibla oder ذو جبلة Dsu Gibla (öfter unrichtig جيلة Geila 12. 18. 21. 29. 63. 69. 73. eine der schönsten, anmuthigsten und gesundesten Städte von Jemen am Fusse des Berges Çabir, des östlichen Ausläufers des Ba'dân Gebirges; die Stadt wird von der Festung Ta'kar überragt, liegt an zwei Bächen, welche Winter und Sommer Wasser haben, und wurde im J. 158 (1066) von Abdallah ben Muhammed el-Çuleihi gegründet, welcher hier die Bewohner des Bezirkes Michlâf Ga'far vereinigte und im J. 473 (1080) in einer Schlacht bei el-Mahgam drei Tagemärsche von Zabîd fiel. *Jâcût* II. 27. *N.* 238 Dsjöbla. *S.* 525.

الجبي el-Gabí 104, grosse hochgelegene Festung im Gebiete von Reiha. *N.* 243 Dsjebi.

جدة Gidda 4—6. 8. 15. 35. 49. 52. 53. Hafenstadt von Mekka. *Jâcût* II. 41. *S.* 525.

جديد قارة Gadîd Câra 59. Ort im Districte Schâm el-Schark.

الجعفرية el-Ga'farîja s. مخلاف جعفر Michlâf Ga'far.

جملول Gamlûl 46. 94. Ort am Berge Hinûm.

الجند el-Ganad 69. vormals Hauptstadt des südlichen Jemen nicht weit von Ta'izz. *Hamdâni* 44. 54. *Jâcût* II. 127. Durch Verschiebung der Punkte steht bei *Muhibbi* الحيد. *N.* 242 Dsjennad.

حب Habb 10. 13. 26. feste Burg in der Nähe von Ta'izz. *S.* 526.

حبور Habûr 94. 95. 102. Stadt südlich von Schabâra. *N.* 252.

حبيش Hubeisch 12. scheint von dem Stamme der Banu Hubeisch den Namen zu haben und wird unter den Städten des südlichen Gebirgslandes genannt, sodass es zu Höbäsch *N.* 238 stimmen würde. *S.* 527.

حجور الاسلام Hagûr el-Islâm 82. Ort im nördlichen Hochlande.

حجة Hagga 36. 39. 44. 63. 71. 93. Berg und starke Festung im Bereich des Kaukabân. *Jâcût* II. 215. Die Festung hat vielleicht den besonderen Namen Dhafir 63. oder diese ist eine andere an demselben Berge. *Jâcût* II. 215. *R.* 211.

حدار Hidâr 65. Ort zwischen Dhûrân und Çan'â.

حديدة Hudeida 15. 106. Hafenstadt am rothen Meere nahe bei Beit el-Fakîh Ibn 'Ogeil. *N.* 228. *S.* 527.

حزيبة Hazîba 90. Örtlichkeit bei Çan'â.

الحشيشة el-Haschîscha 95. Gartenanlage bei Çan'â.

الحصنى el-Hiçnî 67. Stadt in der Nähe von Dhûrân.

حصيان Haçajân 160. vermuthlich bei Dsamâr.

حضور Hadhûr 39. eine der höchstgelegenen und stärksten Festungen in Jemen zwischen Çan'â und Kaukabân. *Hamdâni* 68. 106. *N.* 233 Ḥabûr. *R.* 211. — Ein Gebiet und Ort gleiches Namens in der Nähe von Zabîd war der Wohnsitz des Propheten Schu'aib (Jethro). *Jâcût* II. 289. IV. 437.

حفش Hufâsch 95. Berg und Gebiet westlich von Kaukabân. *Hamdâni* 68. *Jâcût* II. 292. *N.* 249 Ḥöfâsch.

حلق الوادى Halk el-Wâdi 24. d. i. Guletta bei Tunis.

حمراء علب Hamrâ 'Ilb 45. Ort in der Nähe von Çan'â im District Sinhân. *R.* 212 حمر اعلاب.

حمصة Hamça 101. im Norden von Jemen. Station der Pilger.

حمومة Hamûma 76. Ort im Districte von Chamir.

الحمى el-Himâ 67. vermuthlich einer der um den Berg Dhûrân neu angelegten Orte.

الحمية el-Himja 39. wird neben Hadhûr genannt.

حوث Hûth 77. 83. Ort im Gebiete der Banu Hamdân, mithin nicht weit von Çan'â, benannt nach dem Bewohner (Erbauer) Hûth ben Subei' ben Ça'b oder Hûth ben Hâschid ben Amr ben Chârif von den Banu Hamdân. Genealog. Tab. 9, 22. *Muhammed b. Habîb* pag. 26. *Bekri* 302. 674. *Jâcût* V. 19. Bei *Muhibbî*, im *Kâmûs* und *Lobâb* حوت Hût.

حيس Heis 5. 26. 53. 55. 71. 78. Stadt im Gebiete von Zabîd an der Hauptstrasse nach Ta'izz. *Hamdâni* 53. 103. *N.* 224 Ḥäs. *S.* 527.

الحيمة el-Heima 85. 100. Gebiet südwestlich von Çan'â. *N.* 250.

خبان Chubân 8. Fluss und Gegend, angenehmer Lagerplatz zwischen Hubeisch und Machâdir. *N*. 238 𝕮𝖍𝖆𝖚𝖇â𝖓.

الخراف el-Chirâf 105. Landsitz bei Çan'â.

الخشب el-Chaschab 31, Besitzung des Prinzen Luṭfallah. *R*. 46. 213.

خمر Chamir 39. 76, grosse alte Stadt des nördlichen Jemen, im Gebiete der Banu Hamdân im Bezirk der Banu Çuweina, Geburtsort des Tubba' As'ad Abu Karib. *Bekrí* 318. *N*. 254.

خوجان Changân 57. Ebene in der Nähe von Thulâ.

خولان Chaulân 19. 39. 97. District in geringer Entfernung östlich von Çan'â nach Mârib zu, hat von dem Stamme Chaulân ben Amr ben Mâlik den Namen und wird die Schatzkammer von Jemen genannt wegen der Menge Getreide, welches dort gebaut wird. *Hamdâni* 69. *Jâcût* IV. 437. *N*. 270. *S*. 529. *R*. 213. Eine andere Genealogie von Chaulân *Jâcût* II. 499.

درب السلاطين Darb el-Salâṭîn 70, »Wohnung der Sultane« bei Çan'â.

دواروة Duwâriwa 9, Ort in Habessinien. *S*. 534.

دوعن Dau'an 68, Gebiet in Hadhramaut. Vergl. Die Çufiten. *S*. 143.

الدهناء el-Dahnâ »freies Feld« 101. 102. 106, Stadt im Gebiete von Çabjâ: dahin scheint سلفة الدهناء Salifa el-Dahnâ 101 zu gehören.

ذمار Dsimâr oder Dsamâr 12. 19. 27—30. 39. 41. 44. 65. 69. 98, Stadt zwei Tagemärsche oder 16 Parasangen von Çan'â in einer sehr fruchtbaren Gegend. *Hamdâni* 55. 104. *Bekrí* 385. *Jâcût* II. 721. IV. 436. *N*. 436. *S*. 524.

ذو مرمر Dsu Marmar oder ذمرمر Dsamarmar 36. 39, Festung im Gebiete von Çan'â. *Jâcût* II. 722. *R*. 210.

ذيبان Dseibân 77. Stadt nordöstlich von Çan'â im Lande der Himjar. *Bekrí* 388. *N*. 280. *R*. 210.

رازح Râzîḥ 93. 103. Berg; an der ersten Stelle steht دازح, was auf keine Arabische Wurzel zurückzuführen ist.

ربوع اذرع Rubû' Adsra' 53, Ort östlich von Beit el-Fakih el-Zeidija. *N*. 226 𝕽𝖔𝖇𝖇𝖔𝖆.

وادى ربيع Wâdi Rabî' 99, Ort in der Nähe von Ça'da.

الرجم el-Ragam 100. Ort.

الرحبة el-Raḥba 72, Stadt im Districte von Schahâra.

الروضة el-Raudha 70, bei Çan'a. N. 232 Röbba.

روضة بنى اسرائيل Raudha beni Isrâïl »Park der Banu Isrâîl« vermuthlich in der Umgegend von Çan'â.

رجحة Reiḥa 104. Gebiet mit der Festung el-Gabí.

زبيد Zabîd 5. 6. 8. 9. 13. 16. 26. 28—30. 37. 44. 49. 53. 54. 71. 88. 89. 93. Hauptstadt in dem Küstenstrich von Jemen und daher selbst öfter el-Jemen genannt. Gegen das Ende des J. 201 (Mitte 817), während der Chalif el-Mâmûn in Chorâsân abwesend war, hatte dessen Oheim Ibrâhîm ben el-Mahdi in Bagdad sich zum Chalifen ausrufen lassen und für ihn erklärte sich auch der Statthalter von Jemen. Sobald sich el-Mâmûn wieder in den vollen Besitz der Regierung gesetzt hatte, schickte er im J. 203 den Muhammed ben Abdallah ben Ibrâhîm ben Zijad ben Abîhi Abu Sufjân ab, um den Aufstand in Jemen zu unterdrücken, und dieser umgab die Stadt Zabîd mit einer Ringmauer und machte sie zur Hauptstadt von Tihâma, wo seine Nachkommen die Banu Zijâd 200 Jahre residirt haben. Der aus dem Gebirge kommende oft sehr reissende Bach el-Garîb fliesst an der Stadt vorbei und hat die Mauern zerstört. *Hamdânî* 45. *Bekrí* 484 u. Register. *Abul-Fidâ* Annal. II. 120. *Johannsen.* hist. Jemanae 299. *S.* 536.

زمار Zimâr 44 in *Muḥibbí* verdruckt anstatt ذمار Dsimâr.

الزيدية el-Zeidîja 56 d. i. Beit el-Fakîh.

سحول Saḥûl oder Suḥûl 69, District. *Hamdânî* 68. 100. 189.

درب السلاطين Darb el-Salâṭîn s. Darb.

سد مشورة Sudd Maschwara s. Maschwara.

السر el-Sirr 11, ein District vermuthlich im Norden von Çan'â über 'Omrân hinaus, da Ridhwân den Rebellen von el-Sirr bis 'Omrân entgegenzog.

السلف el-Salif 66. 67. Gebiet im nördlichen Jemen. *Jâcût* III. 119.

سماعة بنى النجار Samâat beni el-Naggâr 55, 100. *Jâcût* III. 130 nennt zwei Festungen des Namens Samâa, die eine im Gebirge Waçâb nach Zabîd hin, die hier wohl gemeint ist, die andere am Berge Mucrá eine Tagereise von Çan'â, wo reichhaltige Agat-Gruben sind.

سمار Sumâr 21. Gebirgsgegend auf ein drittel der Richtung von Ta'izz nach Çan'â. N. 237 Sumâra. S. 535.

سنحان Sinhân 39. 41. war einer der sechs Brüder Munabbih, el-Hârith, el-Alí oder el-Galí, Sinhân, Schimrân und Hiffân, der Söhne des Jazîd ben Harb, welche den gemeinschaftlichen Namen Ganb »Fremdlinge« erhielten, weil sie sich von ihrem siebten Bruder Çudâ trennten und sich dem grösseren Stamme Sa'd el-'aschîra anschlossen. Der Zweig Sinhân bewohnte dann das nach ihm benannte Gebiet Michlâf Sinhân zwischen Chaulân und Wâdi'a, ein fruchtbares und volkreiches Land, welches durch zwei Bäche Raha und Mahlât bewässert wird, die von dem schwarzen Berge el-Gabal el-aswad kommen und östllich nach Nagd fliessen. Es liegen darin die Ortschaften el-Amrâ, el-Scha'ub, Bitân, Beit el-Chardal, Sâïla, Schalâlatein, Schei'ân, el-Ça'da, Dharwa, 'Açfân, el-'Ain, Cutein, Mahwâsch, el-'Amâkir, Mu'în und Hamrâ 'Ilb, und die Festungen Asnâf, Beit An'um und Rad'ân. *Jâcût* IV. 439 und Register; eine andere Genealogie *Jâcût* III. 163. *N.* 230.

سواكن Sawâkin 9. 54. Hafenort an der Grenze von Nubien. *S.* 534.

السودة el-Sûda 37. 41. 99. Festung im Norden zwischen Chamir und Schahâra. *N.* 252 Zuda. *R.* 218.

سيراف Sirâf 94, Ort.

شام الشرق Schâm el-Schark 59. District im nördlichen Jemen. *R.* 218.

الشاهل el-Schâhil 82, Berg bei Çan'â.

شبام Schibâm 20. 75. 76. 85. 90. 94. 105. grosse befestigte Stadt am Fusse eines gleichnamigen Berges, eines Zweiges des Kaukabân eine Tagereise westlich von Çan'â, auf drei Seiten von hohen Bergen, auf der vierten von einer starken Mauer umgeben; von dem Berge wird das Wasser bis nach Çan'â geleitet. *Hamdâni* 45. *Jâcût* III. 248. *N.* 257. *S.* 533. *R.* 218.

شبن التعكر Schibân el-Ta'kur 26. Ort zwischen Câ'ida und Ta'kur. *N.* 237 Schebân.

الشاجعة el-Schag'a 89. Stadt im Gebiete el-Scharaf.

الشرف el-Scharaf[1] 44. 66. 81. 82. 85, »die Anhöhe« oder الشرفان el-Scharafân »die beiden d. i. Ober- und Unter-Scharaf« 71. 83. 84. 91. 106. N. 252 Dšjöbbel Scherif, eine fruchtbare Gebirgsgegend, welche an das Gebirge Schahâra grenzt, mit vielen Ortschaften und Niederlassungen. *Hamdâni* 69. 107. Auch die Hauptstadt dieses Gebietes wird el-Scharaf genannt.

الشعر el-Scha'r 12. Stadt des südlichen Gebirgslandes. *S.* 533.

الشوافي el-Schawâfî 12. 29. ein an Ba'dân anstossender Bezirk, der in Ober- und Unter-Schawâfî zerfällt, mit mehreren Festungen; der Hauptort des Unteren ist Maschwara. *Jâcût* V. 23. 29. *S.* 533.

شوذة شطب Schûdsa Schaṭab 76. Schatab ist ein Berg in Jemen mit den festen Schlössern Schaṭab, 'Orjân, el-Ġûd und Na'l. *Jâcût.*

شهارة Schahâra 40. 42. 60. 64. 70—73. 88. Gebirgsgegend, Abzweigung des Ahnûm im Norden von Jemen im Gebiete der Banu Hamdân mit der Hauptstadt gleiches Namens, starke Festung und seit dem Ende des VI. (XII.) Jahrhunderts Residenz der Zeiditen. *Jâcût* III. 339. IV. 924. *N.* 252.

الصاب el-Çâb 37, District im Gebirge el-Ahnûm.

وادي صارة Wâdi Çâra 91, bei Çan'â.

صبر Çabir. Berg. Vergl. Ta'kur. *N.* 241 Sabber.

صبيا Çabjâ صبية Çabja' 91. 100—104. 106, Stadt und District bei Çan'â im Gebiete Michlâf Suleimânî.

صرارة Çarâra 39, Stadt im Gebiete el-Ṭâhir.

صعدة Ça'da 11. 12. 22. 31. 36. 39. 64. 69. 78. 84. 90. 96. 99. 101, eine der grösseren Städte des Gebirgslandes von Jemen auf der Nordseite, 60 Parasangen oder 24 Meilen von Çan'â und 16 Paras. von Cheiwân. Der volkreiche Ort war ein berühmter Handelsplatz und bekannt durch seine vortrefflichen Lanzen und durch seine Lohgerbereien, welche vorzügliches Leder zu Schuhen lieferten. *Hamdâni* 45. 67. 113. 176. *Bekri* 607. *Jâcût* III. 388. Lexic. geogr. II. 156. *N.* 271 Säade. *S.* 552. *R.* 216.

---

1) So ist auch S. 36. 38. 39, anstatt el-Schark zu lesen, wo im Arabischen Texte الشرق gedruckt ist.

الصليف el-Çalîf 29. 30. 35. 43. 50, Landungsplatz für Zabîd, von wo die Schiffe auch wohl noch nach el-Buk'a fahren, weil dieser Hafen noch näher bei Zabîd zu liegen scheint. *S.* 532.

صنعاء Çan'â 6. 11—13. 19. 28. 31. 32. 36. 41—51. 65. 66. 69. 70. 73. 76—78. 85. 88—91. 95—97. 100. Hauptstadt des Gebirgslandes von Jemen. *Hamdâní* 44. 55. *Jâcût* III. 420 u. Register. *N.* 231. *S.* 532. *R.* 216.

صهبان Çahbân 12, im südlichen Gebirgslande. *Jâcût* II. 20. *S.* 532.

وادى ضمد Wâdi Dhamad 104, im Gebiete von Çabjâ. *Hamdâní* 54.

ضوران Dhûrân oder Dhaurân 61—65. 67. 69. 70. 73, hoher Berg etwa in der Mitte zwischen Çan'â und Dsamâr, mit Stadt, Festung und umliegenden Dörfern, alles von Hasan ben el-Câsim ums J. 1040 (1630) angelegt; indess wenigstens der Berg Dhaurân mit der Festung wird schon von *Jâcût* III. 482 erwähnt. *Hamdâni* 68. *N.* 233 Dorân.

الطاهر el-Ṭâhir 36. 39, Gebiet wahrscheinlich nördlich von 'Omrân und Kaḥlân.

الطويلة el-Ṭawîla 105, kleine Stadt fünf Stunden von Kaukabân. *N.* 258.

ظفار Dhafâr 36, wird unter den Festungen in dem Gebirge zwischen Çan'â und Kaukabân genannt, muss also von Dhafâr der Residenz der Ḥimjarischen Könige verschieden sein, da diese wahrscheinlich auf der Stelle von Çan'â lag. *Hamdâní* 44. *N.* 262. *R.* 208.

الظفر el-Dhufr 85, Festung im Gebiete von Çan'â. *Jâcût* III. 578.

ظفير Dhafîr 63. 93, Festung auf dem Berge Ḥagga. *R.* 208.

ظليمة Dhuleima 71. Ort im Gebirge el-Ahnûm. *Hamdâní* 113. *N.* 237 Dölme.

وادى ظهر Wâdi Dhahr 105. wahrscheinlich im Bereiche des Berges Kaukabân.

الظهرين el-Dhahrein 96, grosses Dorf bei Kaukabân. *N.* 252 Dahhrein.

وادى عاشر Wâdi 'Âschir 97. 98, Ort im oberen Chaulân.

وادى عبال على Wâdi 'Abâl 'Alî 91, in der Nähe von Çan'â; vielleicht عيال 'Ijâl zu lesen, Hausgenossen des Ali.

عتود 'Itwad 101, Ort im Gebiete von Çabjâ. Besitzung der Scherife von Mekka. *Hamdâni* 54.

العثيرة el-'Athîra 101. Stadt im Gebiete von Çabjâ.

عدن 'Aden 5. 7. 8. 13. 17. 21. 28, Hafenstadt an der Südküste von Jemen. *Jâcût* III. 621 u. Register. *N.* 254. *S.* 522.

العدين el-'Uddin 70. 71. 78, Ort zwischen Ta'izz und Zabîd auf dem Wege über Mizân. *Jâcût* III. 624. *N.* 245 Ubbèn.

العدينة el-'Udeina 91. eine von den drei Vorstädten von Ta'izz, die beiden anderen heissen die westliche und östliche Vorstadt. *Jâcût* III. 624.

عذرين 'Udsrein 40, im Norden von Jemen. *Hamdâni* 113.

العربين el-'Arabein 13, im südlichen Gebirgslande.

عمران 'Omrân ('Amrân, 'Imrân) 11. 12. 39, kleine Stadt nördlich von Çan'â. welche früher zum Gebiete el-Gauf (Gof) gerechnet wurde. *Jâcût* III. 723. *N.* 253. *S.* 523. *R.* 312.

العيانة el-'Ojâna 100, Festung bei Dsamâr. *Jâcût* III. 750.

الغابش el-Gâbisch 82. Berg in el-Scharaf.

غارب ايكة Gârib Eika 41, Schlachtfeld im nördlichen Jemen.

غدد Gadad 77. Gebiet bei Çan'â.

الغراب el-Gurâb 38, Festung im nördlichen Jemen.

الغراس el-Girâs 73. Stadt im J. 991 (1583) von Hasan Pascha in sehr kurzer Zeit erbaut am Fusse des Berges von Dsamarmar nahe bei Schibâm Sucheim drei Parasangen von Çan'â an der Stelle einer alten Stadt der Ḥimjar, deren Überreste zum Neubau verwandt wurden, mit einer hohen Mauer und zwei Thoren. Hasan besuchte den Platz während des Baues oft zum Vergnügen und bestimmte den Ort zum Sitz des Commandanten von Dsamarmar, welcher hier für sich und seine Familie eine prachtvolle Einrichtung vorfand. *R.* 64. 211.

غرفة عفار Gurfa 'Afâr 84, Stadt im nördlichen Hochlande.

غفر Gifâr 36. 37. 30. 82, Festung auf einer Bergspitze bei Muda'. *Bekrî* 701.

غمار Gimâr 93, Burg am Berge Râziḥ.

القع el-Câ' 18, eine Moschee zwischen dem Bache Mitham und Gibla.

القاعدة el-'Câ'ida 17. 26, Ort nicht weit von Ta'izz auf dem Wege nach Çan'â. *S.* 528.

القهرة el-Câhira 82, Festung von el-Maḥâbischa.

القاهرية el-Câhirîja 16, Festung in der Stadt Ta'izz. *N.* 241 Kâhhre.

القدوم el-Cadûm 91, Ort bei Çan'â.

قرمان Caramân 32, d. i. Cilicien.

قرن Caran 96, Sammelplatz der Pilger im Norden von Jemen.

القصر السعيد el-Caçr el-sa'îd »die glückliche Burg« 105, scheint der Name eines Fort von Çan'â zu sein.

القصمات el-Caçamât 43, im Norden von Jemen.

القطيع el-Cuṭei' (Deminutiv-Aussprache) 90, Einsiedelei, jetzt Dorf bei Marâwi'a. *N.* 227 Katajia.

قفل مدوم Cofl Madûm 82, auf der Nordseite des Hochlandes el-Scharaf. *N.* 252 Elfofl, ein Marktflecken.

القويعة el-Cuwei'a 106, Ort in Ober-Scharaf.

كحلان Kaḥlân oder Kuḥlân 36, Gebiet mit gleichnamiger Festung 8 Parasangen von Dsimâr und 24 von Çan'â. *Jâcût* IV. 240. 435. *N.* 251 nennt dagegen eine grosse Stadt Köchlân, auf der Karte Kâhhlân, nördlich vom Kaukabân, die auch gemeint sein könnte. *R.* 208.

كسمة Kasma 95, Ort.

كمران Kamarân 5, Insel im rothen Meere, südlich von Luḥeija. *Hamdâni* 52. *N.* 230. *S.* 528.

كوكبان Kaukabân 19. 21. 38. 39. 43. 76. 85. 90, Berg und Festung. *Jâcût* IV. 327. *N.* 255. *S.* 528. *R.* 207.

اللحية el-Luḥeija 9. 61. 103, Hafenstadt im Norden von Tihâma. *N.* 229.

اللوز el-Lûz 39, Berggegend.

مبين Mubîn 36. 39, Festung im Gebiete Ḥagga.

المحابشة el-Maḥâbischa 82, Stadt im Hochlande el-Scharaf mit der Festung el-Câhira.

محرفة Maḥrifa 75, Stadt im nördlichen Jemen.

المحلة el-Maḥalla ist nach *Bekri* 512 ein Ort bei Saḥûl, el-Maḥilla nach *Jâcût* IV. 426 ein Dorf bei Dsimâr; derselbe Name muss S. 101 einen Ort im Gebiete von Çabjâ bezeichnen.

المخا el-Mochâ 7. 14. 17. 23. 42. 52—55. 78. 81. 95. Hafenstadt am rothen Meere im Süden von Tihâma. *N.* 221. *S.* 531.

مخادر Machâdir 29, bei *Jâcût* IV. 440 im Singular Muchdara. Ort auf der Strasse von Dsamâr über Jarîm, Machâdir, Maschwara nach Ta'izz. *N.* 237 Mechâder.

مخلاف جعفر Michlâf Ga'far 71. 95. Ga'far ein Freigelassener des Fürsten Muhammed Ibn Zijâd (s. Zabîd) machte im J. 205 (821) die Wallfahrt von Zabîd nach Mekka und reiste dann nach Bagdad, um dem Chalifen el-Mamûn den Tribut und Geschenke von Ibn Zijâd zu überbringen. Er kam im J. 206 nach Zabîd zurück in Begleitung eines Corps von 1000 Reitern, darunter 700 'Abbasiden aus Chorâsân mit schwarzen Fahnen: dadurch mehrte sich die Macht des Ibn Zijâd, welcher zugleich die Statthalterschaft beider Theile der Provinz Jemen, Tihâma und des Gebirgslandes erhielt und seinerseits den Ga'far mit dem Districte des Berges Çabir belehnte und davon erhielt dieses Gebiet den Namen Michlâf Ga'far oder el-Ga'farîja 95. Auf der Höhe des Berges Çabir in der Nähe von 'Uddîn entspringt eine Quelle, welche (als Bach el-Garîb) viele Ortschaften mit Wasser versieht, an dem Berge selbst werden Feldfrüchte und Sesam, an dem unteren Theile Safran gezogen. Auf der Spitze des Berges erbaute Ga'far die Stadt el-Mudseichira mit einem festen Schlosse. Das Gebiet heisst auch Michlâf el-Sahûl nach der Stadt dieses Namens und es gehören dazu der Bezirk Ba'dânia und die Städte Reima und Ta'kur. *Jâcût* IV. 435. 472.

المخلاف السليماني el-Michlâf el-Suleimânî 91, Gebiet bei Çan'â.

مدع Mudâ' 35. 36. 39, Festung zwischen 'Omrân und Kahlân. *Bekri* 518. *R.* 214.

المذيخرة el-Mudseichira 71. vergl. Michlâf Ga'far. *Hamdânî* 68.

المراوعة el-Marâwi'a 53. 90, eine Tagereise von Beit el-Fakîh Ibn 'Ogeil. S. Die Çufiten S. 3.

مرج دابق Marg Dâbik 5, Wiesengrund bei Haleb. *Jâcût* II. 513.

مسور Miswar oder Maswar 91, Berg mit Festung im Gebiete von Çan'â, wegen seiner Fruchtbarkeit berühmt, Residenz eines Fürsten.

Der Name wird auf Maswar ben Amr ben Ma'dikarib ben Schuraḥbîl zurückgeführt. *Bekri* 560. *Jâcût* IV. 138. 533. *R.* 214.

مسجد عقيل Moschee 'Okeil 91 in Michlâf Suleimânî.

مشورة Maschwara 29, der Hauptort in dem Districte Unter-Schawâfî zwischen Machâdir und Ta'izz, mit einem سد Damme, wodurch das Bergwasser aufgefangen und gesammelt wird, welches zur Bewässerung der Umgegend dient. *S.* 533.

مصوع Muçawwa' 9, Ort in Ḥabessinien. *S.* 534.

ملحظ الامان Malḥadh el-amân 28, eine von Murâd Pascha neu angelegte Stadt

المنصورة el-Mançûra 71. 75, Stadt mit Festung zwischen el-Gannad und Bakîl el-ḥamrâ an der Grenze von Ḥadhramaut erbaut von Seif el-Islâm Ṭugtukîn † 593 (1197). *Jâcût* IV. 664. *N.* 244.

منقدة Maneada 44, Ober- und Unter-Maneada, zwei Dörfer eine Tagereise von Dsamâr. *Jâcût* IV. 670.

المنيرة el-Munira 93, grosses Dorf in Tihâma südlich von el-Luḥeija. *N.* 229 Menejre.

مور Maur 53. 54. 102, eine der bedeutendsten Bezirkstädte nördlich von Zabîd, wo die meisten Wasserwege von Jemen zusammen kommen. *Hamdâni* 54. 72. *Jâcût* IV. 678. *N.* 229 Môr.

موزع Mauza' 5. 14. 26, Stadt an der Strasse von Ḥeis nach Ta'izz. *N.* 223 Mufa. *S.* 530.

ميثم Mîtham oder Meitham 18, ein Bach, nach welchem ein Bezirk im District Michlâf Ru'ain benannt ist, ergiesst sich bei 'Aden ins Meer. *Jâcût* IV. 436. *S.* 536.

النجدة el-Nagda 38. Gegend im oberen Jemen.

نسور Nusûr 35, Festung in der Nähe von Thulâ.

نقيم Nakîm 32, Berg mit Wasserleitung nach Çan'â. *N.* 230 Nikkum.

وادعة Wâdi'a 40. 41. 43, Gebiet im Norden von Jemen. *N.* 264 Wada oder Waday. *Hamdâni* 60. 113. 115.

وادى وساع Wâdi Wasâ' 101, im Gebiete von Çabjâ.

وصاب Waçâb s. اصاب Uçâb.

وعلية Wa'lîja 84. 91, Stadt in Ober-Scharaf; an der ersten Stelle ist دعلية gedruckt.

هجرة Higra und هجر Hagar »der Weggang, die Trennung von dem Verkehr mit anderen« scheint in örtlicher Beziehung in Verbindung mit einem Namen »einen abgeschiedenen Ort, eine Einsiedelei« zu bedeuten, wenn auch der Platz durch Anbau sich erweiterte, wie هجرة الجاهلي Higrat el-Gâhili 81. 83. هجرة بنى اسد Higrat beni Asad. هجرة اسلم Higrat Aslam, هجرة الخواق Higrat el-Chawâkí, sämmtlich im Bereiche des Berges el-Schâail 82, هجرة الحموس Higrat el-Ḥumûs 77. هجرة بحيح Higrat Buḥeiḥ. هجر ابن المكروم Hagar Ibn el-Makrûm 91, هجرة شوكان Higrat Schaukân 98 und هجرة قللة Higrat Calala 99, nicht weit von Çan'â.

هنوم Hinûm 94, Abzweigung oder die höchste Spitze des Gebirges el-Ahnûm mit dem Orte el-Gamlûl. *Hamdâni* 69. 113. 193 Hinvam.

يافع Jâfi' 37. 66, hoher Berg und Gebiet an der Grenze von Ḥadhramaut mit der Stadt Jamn. *Jâcût* IV. 1004. V. 32. *N.* 281 Jafa. *S.* 536.

يانق Jânik 25, die Festung Jaurinum in Ungarn.

يريم Jarîm 27. 29. 39. 54, Festung zwischen Ḥabb und Dsamâr am Berge Teis. *Jâcût* IV. 1017. *N.* 236 Jerim. *S.* 536.

ينبع Janbu' 16. 35. Hafenstadt am rothen Meere sieben Stationen von Medina. *Jâcût* IV. 1038. *S.* 536.